LE MANOIR DU POUL

ET SES SEIGNEURS

(1013-1914)

LE MANOIR DU POUL

ET

SES SEIGNEURS

———

LÉGENDE - HISTOIRE - BIOGRAPHIE - GÉNÉALOGIE

D'après des Documents Inédits

———

Devise :

« J'entre en nos vieux manoirs ; il est sous leurs décombres,
Bien des fleurs à cueillir, ou brillantes, ou sombres... »

(Brizeux.)

SOMMAIRE :

I. — LÉGENDE : « Le Seigneur du Poul » et « Notre-Dame du Poul ».

II. — HISTOIRE ET GÉNÉALOGIE : I. Notes historiques sur la paroisse de Mellionnec. — II. Les Seigneurs du Poul : Poher, Mur, Grignon de la Forest, Raoul, de Robien. — Les possesseurs du Poul depuis la Révolution jusqu'à nos jours.

III. — BIOGRAPHIE : Biographie de René-Gabriel de Robien, sieur du Pont-Lô et du Poul, et d'Anne-Françoise Geslin, son épouse.

SAINT-BRIEUC

IMPRIMERIE-LIBRAIRIE DE RENÉ PRUD'HOMME

1916

LE
MANOIR DU POUL [1]

ET

SES SEIGNEURS

PREMIÈRE PARTIE

LA LÉGENDE DU POUL

Entrez dans un manoir, ou dans une chaumière des environs de Mellionnec, Saint-Michel, Plouray ou Bonen, asseyez-vous près de l'âtre, un jour d'hiver, ou bien encore, surpris, au cours d'une excursion estivale, par un orage violent et une pluie diluvienne, demandez l'abri de son toit à l'une des fermes hospitalières de ce coin de la Cornouaille bretonne; puis, incidemment, au cours de la conversation, amenée sur les châteaux et les villages de la région, prononcez le nom du *Poul*, manoir situé en la paroisse de Mellionnec; s'il se trouve là quelques vieillards, si surtout un tailleur y travaille accroupi sur sa large table, au centre de la maison, vous pouvez être assuré

(1) Commune de Mellionnec, arrondissement de Loudéac (Côtes-du-Nord).

qu'un récit des plus pittoresques charmera vos instants de loisirs. On vous contera l'histoire du mauvais « *Seigneur du Poul* » et celle de la pieuse et infortunée « *Dame du Poul* » devenue, depuis quelques années, « *Notre-Dame-du-Poul* ». La mémoire de ces deux personnages est restée très vivante dans toute la région : on y redit les méfaits de l'un, on y vénère l'autre comme une sainte, dont on invoque même l'intercession, en un pèlerinage de plus en plus suivi, sous le vocable de « *N.-D. du Poul* ».

Mais, si votre attention, mise en éveil, vous incite à demander, à vos hôtes momentanés, quel était ce seigneur ?... quelle était cette pieuse et infortunée châtelaine ?... Nul ne saura vous répondre. Le peuple simpliste ne cherche point à le savoir : c'était « *le seigneur du Poul* », c'était « *la dame du Poul* » ! Et cela lui suffit !...

L'historien, plus exigeant, sent sa curiosité aiguillonnée par le mystère même dont les siècles écoulés ont environné les personnages dont on vient d'évoquer, devant lui, le souvenir : lui, il veut les connaître davantage, il rêve de les identifier. Tel a été le point de départ de nos recherches sur le manoir du Poul et ses seigneurs, tel le but que nous avons essayé d'atteindre.

Pour y parvenir, nous avons dû, tout d'abord, étudier, afin de les rapprocher ensuite, l'histoire et la légende ; dresser, à l'aide des documents authentiques, la liste, aussi complète que possible, des anciens possesseurs du Poul, de leurs alliances et de leur descendance, et réunir, dans cette étude, toutes les notes historiques et biographiques venues à notre connaissance, concernant les diverses familles qui s'y sont succédé.

En Bretagne, les conteurs par excellence, ce sont les tailleurs.

Ils vont, de maison en maison, colportant, dans les villages, les légendes et les nouvelles. Le maniement de l'aiguille fut, de tout temps, très favorable à celui de la langue, aussi aigüe et non moins disposée qu'elle à habiller les gens...

Colas Georges, maître-couturier, ancien soldat de l'Empire et sachant lire — chose digne de remarque à l'époque où il vivait — s'était fait deux spécialités dans la paroisse de Mellionnec : il chantait, le dimanche, « *devant le Grand Livre* », se surpassant dans l'exécution de l'*Ave Maris Stella*, puis il contait, mieux que tout autre, l'histoire du seigneur et de la dame du Poul. Il affirmait même avoir vu, jadis, derrière l'église de Mellionnec, la tombe de ce gentilhomme mécréant qui, dit-on, fut exclu, à cause de son indignité, de la sépulture armoriée de ses nobles ancêtres.

Pierre Moelligou, l'un des successeurs de *Colas Georges*, et, non moins que lui, fameux conteur de village, disait tenir de sa bouche cette particularité, et ajoutait, aussi d'après Colas, que la pierre tombale portait, comme inscription : « *Jacques-Louis Laboulaye, seigneur du Poul* ». Cette pierre aurait été enlevée pendant la révolution par un habitant de Bonen (1). Pour une fois, la mémoire du célèbre conteur devait être en défaut, car nous n'avons trouvé, ainsi qu'on le verra dans la lignée des seigneurs du Poul, qu'un seul *Jacques-Louis*, et celui-ci n'était point seigneur de *La Boullaye*. Mais sa cousine-germaine, et héritière, avait, en 1669, ou environ, épousé *Jacques de Robien*, chevalier, seigneur de La Boullaye, en Boqueho, d'où, sans doute, la confusion. Ne serait-ce point la tombe de ce sieur de La Boullaye qui se trouvait derrière l'église de Mellionnec ?... Non, car il ne fut jamais seigneur du Poul : sa femme, *Françoise-Thérèse Le Trancher*, n'hérita de ce manoir qu'après la mort de son cousin, *Jacques-Louis Raoul*, décédé en 1739.

Or, *Jacques de Robien* était mort avant 1725 et *Jacques-Louis*, dans des actes authentiques, est mentionné encore, en 1738, comme « *seigneur du Poul et y demeurant* » (2).

Le « *mauvais seigneur du Poul* » de la légende maltraitait sa femme et la chassa même du manoir ! Donc il était marié, ce qui n'est pas le cas de Jacques-Louis Raoul, demeuré célibataire jusqu'à sa mort à l'âge de 84 ans. Il est, par là même, hors de cause. Le seul seigneur marié, du nom de *Jacques*, qui figure dans la série des possesseurs successifs du Poul, fut messire *Jacques Raoul*, époux de *Marie Le Lart* et père de *Jacques-Louis*. Jacques Raoul ne posséda la seigneurie du Poul que pendant une douzaine d'années : de 1649, environ, jusqu'à sa mort, en 1661. Ce seigneur et son épouse ont laissé, dans les traditions du pays, le souvenir de leur bonté pour tous et d'une vie parfaitement régulière (3).

Mais, il a existé, au xviiie siècle, un sieur de Robien de la Boullaye, seigneur du

(1) *Notes manuscrites* extraites du *Registre de la paroisse de Mellionnec*, pp. 111 et suivantes. (Communication de M. l'abbé Henry, recteur actuel de cette paroisse, à qui nous présentons ici l'expression de notre vive gratitude).

(2) Archives du Poul.

(3) Communications de M. Le Guen, propriétaire du Poul, qui a bien voulu nous faire part de ses très intéressantes recherches sur cette terre et la région, collaborant ainsi très largement à notre travail : à lui nos plus chaleureux remerciements !

Poul, vicieux et libertin à souhait, marié et époux volage, voleur et ivrogne. Il rendit fort malheureuse la douce compagne qu'il avait associée à sa vie, par un mariage contracté contre le gré de sa propre famille. Voilà le héros de la légende, le fameux *seigneur du Poul !* Voilà la « *dame du Poul* » !

Ceux-ci, d'ailleurs, ne sont point simplement légendaires : leur existence est réelle, historique, appuyée sur des documents contemporains, absolument authentiques. Elle fera l'objet d'un chapitre spécial de notre travail, chapitre qui en constituera la partie biographique.

Et qui donc serait la « *Dame du Poul* » sinon cette infortunée *Anne-Françoise Geslin*, épouse de *René-Gabriel de Robien*, seigneur du Poul, dont nous raconterons, tout à l'heure, la très aventureuse existence ? Ne fut-elle pas, conformément aux traditions du pays et aux récits des tailleurs, brutalement chassée de sa demeure, trahie et maltraitée par son époux, infidèle et libertin ?... Ici l'histoire et la légende se prêtent un mutuel appui, et s'accordent admirablement, ce qui facilite notre tâche.

Les deux principaux héros de la légende du Poul nous paraissent ainsi suffisamment identifiés. Toutefois, en historien consciencieux, nous ne voulons pas attribuer à quelqu'un, et affirmer comme certains, des faits et gestes qui ne reposent que sur des traditions populaires ; nous avons donc préféré offrir séparément, à l'examen de nos lecteurs, les traits dont s'est formée la légende du mauvais seigneur (1) et ceux qui constituent la réelle existence de Messire *René-Gabriel de Robien*, dont la biographie, ainsi que nous l'avons dit, est basée sur des documents authentiques et contemporains. Voici, telle que la racontent les vieillards et les tailleurs, la légende du « mauvais seigneur du Poul » :

Sa plus charmante distraction consistait à réunir dans la cour de son manoir des « *andevez* » ou assemblées de jeunes gens et de jeunes filles, pour les y faire danser « *en noch* », c'est-à-dire tout nus ! Il fouettait jusqu'au sang les récalcitrants, ou ceux qui ne dansaient pas à son gré. Les campagnards en étaient très justement offusqués :

(1) Nous les trouvons consignés, en 1878, par un ancien recteur de Mellionnec, en un registre de cette paroisse. Au milieu de confusions et d'erreurs désastreuses, nous y puisons d'intéressants renseignements. Cette note manuscrite confond beaucoup de personnages : *Jacques-Louis Raoul* avec *René-Gabriel de Robien*, la dame *de Paule*, avec la Dame *du Poul*, etc., et, par suite. n'a pu identifier la châtelaine demeurée en vénération dans le pays, sous le nom de « *la Dame* » ou « *Notre-Dame* » du Poul.

« J'ai connu — écrit, en 1878, le recteur de Mellionnec — une bonne femme que j'ai enterrée en 1876, et dont l'une des tantes fut témoin de ces horreurs (1). »

On sait qu'au xviiie siècle les ballets mythologiques étaient très en faveur : peut-être est-ce ce genre de divertissement que le seigneur voulait ainsi s'offrir, à l'instar de la Cour de Versailles ?... Une autre de ses récréations favorites consistait à prendre pour cibles des couvreurs travaillant sur les toits : il paria, un jour, qu'il en « dégringolerait » un qu'il désignait du doigt. Il l'abattit sur le champ d'un coup de son arme à feu.

Les saulniers étaient souvent victimes de sa lâche cruauté : il brûla, dit-on, « *cinq fagots* » pour « rôtir » quelques-uns d'entre eux qui venaient lui faire des offres de service. Les marchands de sel et les « *luduherien* » ou marchands de cendres étaient alors assez nombreux, pacourant le pays pour l'exercice de leur petite industrie. Le « seigneur du Poul » trouvait fort spirituel de faire asseoir ces pauvres gens devant la flamme ardente d'une grande cheminée de son manoir, la plante des pieds nue, et de faire attiser le feu pendant qu'il surveillait l'attitude des patients, le pistolet au poing, les menaçant de mort au moindre mouvement. Saisis d'une vive terreur, les malheureux faisaient aussi bonne contenance que possible et le cruel seigneur leur rendait la liberté, quand il avait, à son gré, assez joui du spectacle de leurs tortures. Aussi saulniers et « *luduherien* », pour éviter les sévices du méchant seigneur, quand ils devaient traverser ses domaines, avaient-ils la ruse, dit-on, afin de le dépister, de faire « *ferrer leurs chevaux à rebours* ».

— « Combien faites-vous payer votre journée ? demandait le seigneur du Poul à deux couvreurs, un vieux et un jeune, qu'il avait fait venir au manoir pour en réparer les toitures.

— Ma foi, Messire, pas bien cher : cinq à six sous, l'un portant l'autre. « *an eil da gas egile.* »

— Eh bien ! vous allez travailler pour moi : si vous faites bien ce que je vous demanderai, je vous en donnerai dix... *l'un portant l'autre.* »

Et, depuis le matin jusqu'à midi, depuis midi jusqu'au soir, le malicieux châte-

(1) Notes manuscrites précitées. Ceci permet d'affirmer que le fameux seigneur vécut bien au xviiie siècle et dans la 2e moitié de celui-ci, ce qui est précisément l'époque contemporaine de la vie de René-Gabriel de Robien.

lain contraignit les deux couvreurs à se hisser mutuellement du bas en haut de l'échelle, pendant qu'il se tenait les côtes, en riant de plaisir, à la vue de cette scène stupide. Mais il arrivait parfois que quelque manant plus hardi, révolté de la tyrannie impunément exercée par le seigneur du Poul, cherchait l'occasion de lui jouer aussi quelque tour à sa façon.

Messire du Poul disait un jour à son tailleur, qu'il avait mandé au manoir pour lui commander un habit :

« Et surtout, maraud, que cet habit aille bien ! Qu'il soit très ajusté : s'il fait quelques faux plis, gare au bâton ! As-tu bien entendu ?...

— Mais oui, Messire, je ferai de mon mieux et je me flatte de réussir à vous satisfaire, mieux que ne le fit aucun tailleur jusqu'à ce jour ! »

Au bout de quelque temps, le tailleur revint au manoir avec l'habit terminé, disait-il, mais demandant à le passer lui-même au seigneur, afin d'être assuré qu'il ne manquait plus rien à sa perfection. Mis en présence de son terrible client, le tailleur le pria de se tenir bien droit, les bras tombant le long du corps, pendant qu'il lui passerait son vêtement. Alors, rapidement, il enfila par dessus la tête du seigneur une sorte de fourreau bien serré, dans lequel il l'emprisonna de belle façon, comme dans une excellente camisole de force. Aussitôt le tailleur lui tira sa révérence, et... décampa *presto* et *subito*, laissant le sieur du Poul ligotté de telle sorte qu'il ne pouvait faire un mouvement... tant son vêtement était bien ajusté ! Messire du Poul fut, dit-on, ce jour-là, « *honteux comme un renard qu'une poule aurait pris.* »

Une autre fois, le seigneur du Poul avise un groupe de trois maçons qui passaient sur le grand chemin, proche de sa demeure, se rendant à leur travail.

« Eh ! les amis, où allez-vous ainsi ?...

— Nous allons travailler à tel village, Messire !

— Venez travailler chez moi, aujourd'hui, et, si vous faites bien le travail que je vous commanderai, je vous donnerai, ce soir, à chacun, un bel écu de six livres. »

Ebloui par cette offre généreuse, les trois ouvriers l'acceptèrent avec joie et entrèrent, à la suite du seigneur, dans la cour de son manoir. Quelques instants plus tard, ce dernier les conduisait dans une des chambres hautes et y faisait apporter un immense chaudron de bouillie de blé-noir, bien épaisse et bien chaude.

« Allons, dit-il, mes amis, pour une fois vous allez manger à votre faim et vous reposer toute la journée ! Tout ce que je vous demande, en effet, c'est de manger, à vous trois, cette chaudronnée de bouillie, de telle sorte que tout y passe, et..... qu'il n'en demeure point de trace... *Aucune trace*, vous entendez bien ? Sinon gare au bâton !... Allons, beaucoup de plaisir ! et, à ce soir ! »

Demeurés seuls, vis-à-vis de la tâche inaccoutumée qui leur était imposée par le fantasque seigneur, les trois maçons se regardèrent avec stupeur, puis commencèrent à manger, à manger... jusqu'au moment où le plus courageux de leurs estomacs refusa définitivement tout service... On devine aisément les conséquences de ce repas surabondant et forcé... quand arriva le soir...

« *Aucune trace*, avait dit le seigneur, sans quoi... le bâton ! » Les pauvres ouvriers ne tenaient guère à la bastonnade et désiraient bien vivement les beaux écus de six livres. La nécessité rend industrieux :

« On n'est pas maçon pour rien, quoi ! » — dit le plus avisé d'entre eux. Et, avec l'aide de ses compagnons, à qui, par bonheur, on avait laissé leurs outils, il descella et souleva adroitement la lourde pierre de l'âtre. Ensuite on déposa, sous cette pierre, le reste de la bouillie, et... ses *conséquences*... puis on replaça le granit de la cheminée de telle sorte que nul ne pût s'apercevoir de ce qui s'était passé.

Il n'était que temps, d'ailleurs : le seigneur du Poul accourait tout réjoui du bon tour qu'il avait joué à ces manants, et songeait peut-être à la bastonnade qui allait couronner la journée. Aussi fut-il, à son tour, fort attrapé quand, ayant parcouru la pièce en tous sens, il fut obligé de reconnaître que ses maçons avaient proprement accompli leur tâche. Il tint parole, dit-on, et leur donna le salaire promis. Mais, cette fois encore, le plus fin ne fut pas celui qui croyait l'être.

Nous tenons ce dernier trait de notre père, qui nous le raconta dans notre enfance. Il nous disait également que le seigneur du Poul fit, un jour, monter trois tailleurs sur les épaules l'un de l'autre et les fit fouetter ainsi par ses valets pour leur faire gagner quelques sous « l'un portant l'autre ». C'est sans doute une autre version de l'histoire des couvreurs relatée plus haut.

Un jour le seigneur du Poul, après avoir maltraité sa femme, la traînant — dit-on — par les cheveux, la jeta hors de son manoir ! Nous verrons le même trait dans la biographie de René-Gabriel, et celui-ci installer, à la place de sa légitime épouse, une aventurière, chef de voleurs, la trop fameuse « *Marion du Faouët* ». Ici encore la légende est bien d'accord avec l'histoire. On raconte que lorsqu'elle se vit ainsi chassée de sa demeure, l'infortunée châtelaine, suivie d'un chien fidèle, se réfugia dans les bois environnants, où elle vécut solitaire dans une hutte de branchages.

Son chien allait, chaque jour, quérir au manoir un peu de pain qu'il apportait à sa maîtresse. On prétend aussi que le seigneur du Poul, ignorant la retraite de son épouse, cachée au fond des bois, voulut suivre le petit animal, afin de la découvrir. Mais le fidèle messager, faisant mille détours, disparaissait comme par enchantement dans les halliers, de telle sorte que jamais le seigneur du Poul ne parvint à son but : il recherchait — dit-on — sa femme « muni d'une arme meurtrière », ce qui indique des intentions bien peu conciliatrices !

La pauvre « Dame du Poul » gravissait fréquemment la colline qui domine l'horizon : là, à genoux au pied d'une croix, le visage tourné vers les chapelles de Guermané, de Quelven, de Krenenan et de Saint-Roch dont elle apercevait les clochers, la dolente châtelaine pleurait et priait longuement. C'est en ces lieux, témoins de ses cruelles souffrances et de ses pieuses oraisons, que le peuple accourt aujourd'hui en foule, pour vénérer l'empreinte laissée, sur le sol où elle s'agenouillait, par la « *Sainte du Poul* » dont on a fait de nos jours « *Notre-Dame du Poul.* »

Au milieu d'un terrain particulièrement plantureux, « l'herbe n'a jamais repoussé « dans la place de ses genoux, dans la place du bâton sur lequel elle s'appuyait, ni « dans l'endroit où son ami fidèle (le chien), reposait auprès d'elle (1) ». Le peuple est convaincu qu'il s'y fait des miracles et l'on s'y rend en pèlerinage de mai à septembre. D'années en années s'accroît le nombre des pieux pèlerins : les mères conduisent à « *Notre-Dame du Poul* » leurs petits enfants débiles, et leur font boire l'eau salutaire et d'ailleurs ferrugineuse, de la fontaine du Poul, non loin de la croix (2) et près de l'oratoire (3) érigés de nos jours par les propriétaires modernes du manoir, en souvenir de la pieuse châtelaine.

Les ex-votos y abondent et les empreintes y sont toujours visibles ; on a essayé, mais en vain, d'y faire repousser le gazon.

(1) Notice manuscrite, précitée.
(2) Cette croix fut érigée en 1863 par M. Maurice Le Guen.
(3) L'oratoire a été construit par M. Yves-Marie Le Guen, afin de mettre à l'abri des injures de l'air les ex-votos apportés en grand nombre par les pèlerins du Poul.

Deux très anciennes statues de la Vierge-Mère, dont l'une spécialement désignée sous le vocable de « *Notre-Dame du Poul* », sont aussi l'objet de la dévotion des visiteurs (1). Ceux-ci, sans doute, ignorent, pour la plupart, la légende comme l'histoire de la « *Dame du Poul* », et adressent leurs prières à la Mère de Dieu.

Enfin, comme toute légende, en Bretagne, se complète par un cantique, une ballade ou une complainte, voici celle de la « *Dame du Poul* », telle que nous l'avons entendu chanter à Rostrenen, il y a vingt à trente ans. Elle est fort peu connue et nous la croyons inédite. Cette complainte, qui, d'ailleurs, n'a rien d'historique, ne manque pas d'originalité.

COMPLAINTE DE LA DAME DU POUL

Paroles de Mlle M^{ie} BOUCHÉ — Musique de Mme J. BAUDRY

<table>
<tr><td>I</td><td>KLEMGAN ITRON AR POUL</td></tr>
</table>

Ecoutez une histoire,	Chilaouet holl eun istor,
Que je vais vous conter,	Leun a nec'h, a anken,
Qui, de votre mémoire,	A chomo en ho memor
Ne saura s'effacer :	Graviennet da viken ;

(1) Elles proviennent, probablement de l'ancienne chapelle domestique du Poul.

Voyez ce vieux manoir
A l'aspect triste et noir,
Là vécut quarante ans
Le pire des tyrans.

Barz ar maner tenval,
'Zo du-ze amguzet,
Daou-ugent vla, gwechall,
Eun tirant n'eus bevet.

II

Auteur de la misère
D'un peuple malheureux,
C'était un cœur de pierre,
Un ogre, un monstre affreux :
Le méchant n'est aimé
Des hommes ni de Dieu,
A toute la contrée
Le Poul est odieux.

II

Gwasker kri ha digalon
Evit an dud dister,
Na trugare, na pardon,
Na anav ar muntrer ;
Miliget gant Doue
Hag an dud gwall-eurus,
Vit an holl, er c'hontre,
« Ar Poul » a zo spontus !

III

Anne-Françoise, épouse
De ce méchant seigneur,
Uniquement jalouse
De garder son honneur,
Aussi sage que belle,
Etait pleine de cœur,
Aussi méritait-elle,
Bien sûr, un sort meilleur.

III

Anna-Fransoaz, e bried,
Heroe 'lar an istor
A lakas he holl aked
Da viret hec'h enor ;
He gened, he furnez
Na mui he c'halon vad,
Na lakjont ar plac'h kez
Da gavet gwelloc'h stad.

IV

Le cœur plein de tristesse,
Le regard suppliant,
C'est en vain qu'elle presse,
Exhorte le tyran :
Comme un ciel plein d'orage,
Comme un volcan brûlant,
Il gronde plein de rage,
Jurant et la frappant.

IV

True vije he gwelet,
He zell leun a c'hlac'har,
'Vit tenerât he fried
Daoulinet d'an douar.
Neuze o kounari,
Teî 'vel ar c'hurunou,
Heman, 'n eur valozi,
He c'harge a doliou.

<table>
<tr><td>

V

Mais, dans la nuit profonde,
Quelle voix s'est mêlée
Au murmure de l'onde,
Au bruit de la feuillée ?...
C'est le cri de détresse
Du chien qui suit, pleurant,
Les pas de sa maîtresse
Qu'on chasse violemment.

VI

Sous un if séculaire,
Etait, à quelques pas,
La hutte solitaire
Où Anne se fixa.
Son chien, toujours fidèle,
Tous les jours lui portait
Les vivres que, pour elle,
Au manoir il cherchait.

VII

« Ah ! dites-moi, Madame,
Quel exil vous souffrez ?
Combien triste est votre âme,
Sous cet if isolé. »
« — Mais sa sombre verdure,
Le soleil du bon Dieu,
La paix d'une âme pure,
Puis-je désirer mieux ? »

</td><td>

V

Mes en noz don, dinerzig,
Eur vouez a sav, souden,
Da heuilh hiboud ar wazig
Ha boubou an ezen :
Kriaden a enkrez
Eur c'hi bihan feal
Tolet, gant e vestrez
E kreiz ar c'hoat tenval.

VI

En disheol eun ivinen,
En eul lec'hig didrouz,
Pell, pell eus pep gwenojen
E kavas eul loch plouz.
Hag ar c'hi, gant preder,
A glaske eviti
Bemde, barz ar maner,
Tammou boued da zibri.

VII

« — Oh ! Itron ken dilezet,
Laret d'in, me ho ped,
Nag a boan a c'houzanvet
Aman, pell eus ar bed ? »
« — Endro d'in ar glazur,
Heol Doue 'us d'am fenn,
Em c'hreiz eun ine pur,
Petra glaskin ouspenn ? »

</td></tr>
</table>

VIII

« Si au seigneur mon maître,
Souvent je ne songeais,
Toujours joyeux, peut-être,
Mes jours s'écouleraient.
Mais, je vous le demande,
Puis-je me résigner,
Par Dieu, s'il ne s'amende,
A le voir condamner ? »

VIII

« Mar na sonjfen, aliez,
Barz an Otrou, ma mestr,
E tremenfen pep devez
Laouen ha digabestr ;
Met gallout a ran-me
Kemer nep plijadur
Mar n' houl pardon Doue
'Vit e vue distur. »

IX

A l'humble croix de pierre,
De ses larmes baignée,
Souvent, ainsi qu'un lierre,
On la vit enlacée :
Elle unissait sa croix
A la Croix du Sauveur,
En priant, avec foi,
Pour le pauvre pécheur.

IX

Endro d'ar Groazig karet,
Goalc'het gant he daero,
Stank he gweldjed briatet,
Evel eur bod illio.
He c'hroaz a unane
Da hini he zalver,
En eur bedi, gant fe,
'Vit ar paourkez pec'her.

X

C'est là qu'un jour, près d'elle,
La Vierge descendit :
« Viens, âme toute belle,
— Dit-elle — en Paradis ! »
Et, sur la croix de pierre,
Expirant appuyée,
Ainsi qu'une prière,
Vers Dieu elle est montée.

X

Ar werc'hez en he c'hichen
A diskennas eun de :
« Deus, emei, ine kristen,
Da Varadoz Doue ! »
Hag o harpan, sioulig,
He fenn ouz troad ar Groaz
Skanv 'vel eur bedennig
D'an Neuvou e pignas !

<table>
<tr><td>

XI

Où son pèlerinage
Ainsi s'est achevé,
Chrétien, dans ton voyage,
Sache aussi t'arrêter,
Pour demander la grâce,
A la « Croix du Salut »,
De trouver un jour place
Au ciel, près de Jésus.

</td><td>

XI

Lec'h m' eo he firc'hirinaj
Bet kurunet ken mad,
Kristenien, en hon beaj,
Daoulinomp eur pennad.
Ha gant « Kroaz ar zalud »,
'Velti, goulomp ive,
'Vidomp ha 'vit hon zud
Eul lec'h etal Doue !

</td></tr>
</table>

DEUXIÈME PARTIE

HISTOIRE ET GÉNÉALOGIE

I. — QUELQUES NOTES HISTORIQUES

SUR LA

PAROISSE DE MELLIONNEC

La paroisse de Mellionnec (1) est fort ancienne. On en trouve la mention dans les chartes du XIIIᵉ siècle, et il y a tout lieu de croire qu'elle existait fort longtemps avant cette époque. Elle fit d'abord partie de l'évêché de Vannes, puis de Quimper, et enfin, de nos jours, Mellionnec appartient au diocèse de Saint-Brieuc. Son église, qui est sous l'invocation de Saint Pierre, a, comme patrons secondaires, Saint Jean, Saint Yves et Notre-Dame de Bon Secours. Mellionnec possédait deux chapelles paroissiales : celles de *Saint Honny* placée sous l'invocation de *Saint Julien*, celle de *Notre-Dame de Pitié* (qui appartenait jadis au seigneur de Campostal) située sur le bord du canal de Nantes à Brest, à la limite des communes de Mellionnec et de Bonen (2). Deux châteaux de la paroisse, Le Poul et Trégarantec, possédaient en outre leur chapelle privée. Celle de Trégarantec est encore debout et a conservé sa destination. Une croix,

(1) Canton de *Gouarec*, arrondissement de *Loudéac* (Côtes-du-Nord).
(2) *Bonen* était autrefois trève de *Plouguernevel*.

très ancienne, existait à Mellionnec, érigée, si l'on en croit la tradition, en 1297, en reconnaissance de la décision du roi de France, Philippe le Bel, qui accorda, à cette date, à la Bretagne, le titre de *duché-pairie de France*, dignité, d'ailleurs, purement honorifique, qui n'ajouta aucune puissance à celle de nos princes bretons, mais leur permit de porter leur titre de *duc* même à la cour de France (1).

Les derniers vestiges de cette croix ont disparu en 1870, au très vif regret de ceux des habitants de Mellionnec qui, trop peu nombreux, hélas ! attachent encore quelque prix aux traditions et aux souvenirs du temps passé (2). A la place de ce monument commémoratif s'élève aujourd'hui la mairie de la commune.

Mellionnec dépendait des seigneurs ducs de Rohan, qui y exerçaient haute, moyenne et basse justice. Quand éclata la Révolution, cette paroisse avait pour seigneur le prince de Guémené, *Jules-Hercule de Rohan*, fils d'*Hercule-Mériadec*, dernier descendant de la branche de Guémené, fondée par Charles de Rohan, fils de Jean, Ier du nom, vicomte de Rohan et de Jeanne de Navarre (3). Jean Ier avait d'abord épousé Jeanne, dame de Léon, fille unique et héritière de Hervé de Léon et de Marguerite d'Avaugour (3). Deux fils étaient nés de cette union : l'aîné Alain VIII succéda à son père, dans les titres et possessions de vicomte de Rohan et de Léon (4) et, selon toute apparence, il hérita ainsi de la région qui nous occupe.

Dès l'année 1265, nous trouvons la paroisse de Mellionnec mentionnée dans des actes de donation à l'abbaye de Bonrepos et dans des chartes relatives aux vicomtes de Léon, seigneurs de cette paroisse avant les ducs de Rohan. Elle dut appartenir primitivement aux anciens comtes de Cornouaille, puis aux comtes et vicomtes de Poher, qui en firent un démembrement opéré vers le milieu du XIe siècle. Ce sont probablement des juveigneurs des vicomtes de Poher, qui, ayant conservé des possessions dans la paroisse de Mellionnec, en disposèrent, ainsi que nous allons le voir, en faveur de l'abbaye de Bonrepos.

(1) Désormais le duc de Bretagne fut duc partout, tandis que, jusqu'alors, la chancellerie française le réduisait au titre de *comte de Bretagne*. (La Borderie, *Histoire de Bretagne*, t. III, page 363.)

(2) Renseignements dus à l'obligeante communication de M. Le Guen, propriétaire du Poul, à qui nous devons, en grande partie, les matériaux de cette étude. Nous ne saurions assez le remercier de sa précieuse collaboration à notre travail et le louer de ses consciencieuses recherches.

(3) De Laigue, *Noblesse Bretonne aux* XVe *et* XVIe *siècles*.

(4) Morery, *Grand Dictionnaire Historique*, art. *Rohan*.

Consignons donc ici la nomenclature des chartes prouvant l'existence, dès le XIIIe siècle, de la paroisse de Mellionnec, chartes dont, jusqu'à ce jour, une seulement, datée de 1296, a été citée par les auteurs qui se sont occupés de cette localité (1) :

1265   1° En 1265, survient un accord entre *Hervé de Léon*, fils de *Salomon de Léon*, chevalier, et *Hervé de Léon, seigneur de Châteauneuf,* reconnaissant, à ce dernier et à ses hoirs, la possession de la paroisse de *Mellionnec,* sise en l'évêché de Vannes (2).

1277   2° Le samedi avant la Sainte-Catherine 1277, *Geoffroi, dit Job*, chevalier, donne à Bonrepos ce qu'il possède à *Kerdaniel,* à *Restan-Chouannec* (3) et *Mont-Caradec,* en *Mellionnec* (Acte passé devant le doyen de Kemenet-Guegant (4).

1278   3° Ratification de la donation de *Geoffroy Job* par *Bocher de Poer*, « armiger »... « *Villa Daniel et Restancouannet, in parochia de Mellionnec...* » en 1278 (5).

1290   4° En 1290, le lundi après Saint Pierre et Saint Paul, *Boscher de Pohaer*, écuyer, et *Pierre*, son fils aîné, cèdent à l'abbaye de Bonrepos, pour 15 ans et moyennant une somme de 24 livres, le bail du fief de *Restangouannec* et autres terres sises en *Melionec* (6).

1290   5° Le mercredi après Noël de l'année 1290, *Pierre de Costelalide* (?) donne à l'abbaye de Bonrepos deux tenues sises à *Restangouhannec* en Mellionnec (7).

1294   6° En 1294, *Boscher de Pohaer* et *Adelice*, sa femme, donnent à Bonrepos tout ce qu'ils ont en *Melionec* et en la tenue *Restancouannec*. L'acte est passé devant le doyen de Kemenet-Guégant (8).

1296   7° En 1296, jugement est rendu par Jean, duc de Bretagne et comte de Richemont, pour mettre fin aux divisions existant entre, d'une part, *Hervé de Léon*, chevalier, son fils, *Guillaume de Léon*, et quelques seigneurs, comme eux soupçonnés du meurtre d'*Alain Nuz*, chevalier, et, d'autre part, Maistres *Yves* et

---

(1) En particulier Ogée, *Dictionnaire de Bretagne ;* Jollivet, *Les Côtes-du-Nord.*

(2) D. Morice, *Pr.,* t. I. col. 995.

(3) Aujourd'hui *Resté-an-Houennet,* commune de Mellionnec.

(4) *Archives des Côtes-du-Nord.* Pièce citée par MM. Geslin de Bourgogne et de Barthélemy dans *Anciens Evêchés de Bretagne,* t. VI, Chartes.

(5, 6, 7, 8) *Archives des Côtes-du-Nord,* ibid.

Salomon Nuz, frères dudit *Alain Nuz ; Pierre*, dit *Prévost de Kerahes* et *Marguerite*, sa femme, sœur dudit *Alain Nuz ; Rolland de Guergorlé, Olivier le Senechal,
Bizien de Poher*, chevalier, au nom de *Plaisance*, sa fille, jadis femme dudit *Alain
Nuz*, et autres amis du défunt chevalier. Après avoir pris conseil de sages gens
et fait comparaître les deux parties devant lui et le roi de France, à Paris, le duc
Jean de Bretagne prononce et ordonne, « *afin de mettre à néant tout gage de bataille,
accusations, dénonciations, toutes villeinies et toute manière de persécution* », qui
étaient, ou avaient pu être, la cause et raison de la mort de ce chevalier, que
les terres et fiefs, saisis sur *Hervé de Léon*, par ordre du roi de France, et attribués
à *Alain Nuz*, demeureraient la paisible propriété des héritiers de celui-ci, à partager entre eux, selon la volonté du duc, et tenus de lui et de ses hoirs à jamais,
sauf ce que le duc jugeait bon de distraire de ces biens, pour l'employer « *en
chapellainies ou autres choses* » pour le profit de l'âme du défunt. Le duc ajoute :
« *et est à scavoir que les paroisses de Plouré* (1) *et de Meillonec demourent par cette
ordrenance et demoureront audit Herver de Léon et à ses heirs à toujours, sans que les
amis ou les heirs audit Alain Nuz y puissent jamais rien demander* ». Hervé de
Léon est, en outre, condamné par le duc « à cause des dépenses, dommages, etc. »
causés par lui à Alain Nuz « au temps qu'il vivoit » à verser aux héritiers du
défunt, jusqu'à 2,000 livres, « en tournois petitz », en tout ou en partie, quand
et comme il plaira au duc d'en décider à l'avenir. Cet arrangement est consenti
et accepté des deux parties « le mercredi avant la feste de la Chaire de Saint
Pierre, en l'an de grâce 1296 » (2).

(1) Plouray (Morbihan), paroisse limitrophe de Mellionnec.
(2) Dom Morice, *Pr.*, t. I, col. 1120, 1121.

II. — LES SEIGNEURS DU POUL (1)

I. — POHER et MUR

La paroisse de Mellionnec possédait plusieurs manoirs très anciens : Le *Poul*, ou *Poulmenec*, ou encore *Poulmineur* ; *Kerelgoualc'h*, ou *Kerelgommarc'h*, aujourd'hui *Kergommarc'h* ; *Tresgarantez*, ou *Trégarantec* ; *Restambleysse* ; *Kergourant* ou *Kergorant*.

Le plus vieux de ces manoirs paraît être celui du *Poul*, si nous en jugeons par la date de 1013, trouvée inscrite sur une pierre provenant de l'ancien bâtiment, aujourd'hui reconstruit en maison moderne. Le mot *Poull*, en langue bretonne, signifie creux, cavité, fosse, étang, lac, etc. (2), étymologie très justifiée par la situation de ce manoir. Il se trouve, en effet, à peu de distance du bourg de Mellionnec, au bas d'une colline, près d'une immense prairie, arrosée de nombreux ruisseaux, qui, jadis, alimentaient un étang, actionnant le moulin voisin qui porte le même nom. Ces sources réunies forment un cours d'eau assez important, qui serpente à travers la vallée verdoyante, encadrée de collines rocheuses, ramifications des Montagnes Noires, et va se jeter dans les ondes limpides du canal de Nantes à Brest. L'éminence boisée qui domine le Poul, est l'un des points culminants de la région montueuse dont fait partie la paroisse de Mellionnec, sans cesse balayée par les courants opposés des vents de mer, qui, venus de l'Atlantique et de la Manche, se donnent rendez-vous sur ce *Kein-Breiz*, ou *Echine de la Bretagne*, pour s'y livrer de perpétuels combats. De ces sommets abrupts on jouit d'un magnifique panorama, embrassant une portion notable des départements du Morbihan et des Côtes-du-Nord, parsemée de manoirs et de chapelles de granit (3).

La tradition prétend non sans quelque raison que nos ancêtres utilisèrent jadis

---

(1) *Poulmenec, Armorial de Courcy*, art. Raoul ; *Poulmineur*, Guerin de la Grasserie.

(2) Le Gonidec, *Dictionnaire Breton-Français. Armorial*, art. Raoul.

(3) Du petit bois qui domine Le Poul, on aperçoit notamment les chapelles de *Gurvanez*, de *Saint-Roch*, de *Kelven* et de *Krenenan*.

ce point stratégique et que Gaulois ou Romains y établirent un *camp* ou un poste d'observation. On signale, en effet, à Kerelgouac'h les restes d'une enceinte fortifiée (1).

1013   Le manoir du Poul trouve son plus ancien document historique dans cette date de 1013, gravée sur la pierre dont nous avons signalé l'existence, encastrée dans le pignon de l'habitation actuelle. Cette pierre était auparavant placée dans la façade de la demeure de l'aumônier, à l'entrée de la cour, et provient sans doute d'une construction encore plus ancienne (2).

Quelques débris d'écussons ont été aussi découverts au Poul, mais ils sont très frustes : l'un d'eux a pour supports : deux lions se faisant face, posant la patte sur une couronne (3).

Le propriétaire actuel du Poul, M. Le Guen, qui a fait d'intéressantes recherches sur le passé de cette terre, en attribue la possession, dès le commencement du XIe siècle, aux vicomtes de Poher, soit alors à :

1027   1° GUETNEUC, vicomte de Poher, en 990 (4), qui existait encore en 1027 (5). Puis, successivement, à son fils,

1040   2° RIVALLON, vicomte de Poher en 1040 (6), puis à

3° RIVALLON, fils cadet de ce dernier, et seigneur de Mur (7), d'où

4° GESTIN DE MUR, fondateur de Châtel-Gestin de Mur (8), d'où

1161   5° EUDON DE MUR, qui vivait en 1161 et avait épousé la seconde fille de *Rivallon-ar-Broch*, seigneur de Corlay et Guesnic (9), d'où

1184   6° CADORET DE MUR, présent en 1184 à la fondation de l'abbaye de Bonrepos par Alain de Rohan et Constance de Bretagne, dame de Mur et de Corlay. Puis à son fils

1257   7° GARIN DE MUR, chevalier, vivant en 1257, qui épousa *Béatrix de Rostrenen*, d'où, entre plusieurs autres fils :

(1) A. Joanne, *Géographie des Côtes-du-Nord*.
(2) Notes de M. Y. Le Guen. Archives du Poul.
(3) Ibid.
(4) Dom Morice. *Pr.* I, col. 347.
(5) Ogée, Dictionnaire de Bretagne, T. I, p. 147, art. Carhaix.
(6, 7, 8, 9) *Généalogie* de *La Rivière Mur*, par M. René Le Cerf, et *Cartulaire de Quimperlé*.

1284 8° Cristophe de Mur, qui épousa : 1° *Jeanne de Montfort*, et, 2° *Louise de la Rivière*, fille de *Thibaud*, sieur *de la Rivière*, paroisse du Haut-Corlay. Christophe de Mur prit, pour lui et ses descendants, le nom et les armes de la Rivière : « *D'azur à la croix engreslée d'or* (sceau 1380) aliàs : *cantonnée à dextre d'une fleur de lys de même* (sceau 1382) aliàs : *au franc canton de Rohan* (sceau 1387) aliàs : *écartelé, au 1 de Rostrenen, au 4 de Kergorlay, au 2 de Rohan, au 3 de la Rivière.* » Devise : *Unde quaque inspiciendum* » (1).

Nous avons dit plus haut ce que nous savons des vicomtes de Poher, possessionnés dans la paroisse de Mellionnec, et montré par quelle succession le manoir du Poul aurait, dit-on, appartenu aux membres de la maison de Mur, puis à la branche de cette maison fondée par *Christophe de Mur* et *Louise de la Rivière*, sous les noms et armes de *La Rivière-Mur*. La Maison de Mur qui remonte aux comtes de Cornouaille, s'armait : « *de gueules au château sommé de trois tours d'argent* » (Comtesse du Laz, *La Baronnie, du Faouet*). Elle se fondit au xve siècle dans celle du *Juch*, par le mariage de *Louise de Mur*, héritière de sa maison, fille de *Jan*, seigneur de Mur en 1415, et de *Perronnelle de Boutteville*, avec *Hervé*, seigneur du *Juch* (Filiation des *Boutteville*, par Guy Autret, seigneur de Missiren (Bibliothèque Nationale). Toutefois nous ne possédons de documents absolument probants sur les possesseurs successifs de la seigneurie du Poul qu'à dater de l'année 1396, époque où elle appartenait aux *Grignon de la Forest*, nous ne savons par quelle filiation ou alliance.

II. — GRIGNON de LA FOREST

1396 Henri Grignon, sieur de la Forest (en Languidic), fit hommage au vicomte de Rohan, en 1396, pour sa seigneurie du Poul. Les Grignon avaient pour armes : « *d'argent au chef de sable* » (1) et leur berceau était le château de la Forest, haute, moyenne et basse justice, situé en la paroisse de Languidic, près d'Hennebont. La Forest, à cette époque (vers 1400), appartenait à *Pierre de la*

(1) P. Potier de Courcy, *Nob. et Armorial de Bretagne.*

Forest, que nous croyons frère aîné de *Henri Grignon*, seigneur du Poul. Ce *Pierre de la Forest*, fut seigneur de Trégarantec, en Mellionnec, en 1427, et habita ce château, où lui succéda son fils, aussi nommé *Pierre de la Forest* (1).

1448   En 1448, le Poul appartient à :

GUILLAUME GRIGNON, noble homme, ainsi que le désigne une enquête, à cette date, pour exempt de fouage. Il figure encore, en la paroisse de Mellionnec, comme seigneur du Poul, en 1464 :

1464   « *Montre du 8 septembre, XXX livres à Guillaume Grignon, un cheval paltoc sallade* » (2).

1477   Il fait partie, en 1477, de la compagnie du sire de Guémené :

« *Guillaume Gringnon* (sic), par *Nicolas Rouzault, jusarmier en brigandine* » (3).

Et, la même année, il est mentionné à la montre du 21 avril :

« *Guillaume Grignou*, par *Nicolas Rouxault, un cheval brigandine sallade, espée, dague, injonction de voulge* » (4).

1481   En 1481, le 4 septembre :

« XX livres *Guillaume Grignon*, par Jehan Kergul, en brigandine et pertuisane » (5).

Guillaume Grignon épousa *Olive Dolo*, dame du Roz, des *Dolo*, seigneurs dudit lieu, paroisse de ce nom, de la Ville-Gourio, de la Ville-Mario et de *Pontlo*, paroisse de Plourhan, du Roz, paroisse de Merléac et autres lieux, portant « *De gueules à dix billettes d'argent : 4, 5, 2 et 1* » aliàs « *de gueules au sautoir d'argent cantonné de douze billettes de même* » (sceau de 1415) (6).

1514   La réformation du 8 janvier 1514 nous apprend que Guillaume décéda peu après 1481 :

« Le manoir du Poul noble à feu *Guillaume Gringnon* (sic), après à feu *Henry Gringnon*, son fils; puis à *Nicolas Gringnon*, fils dudit Henry à présent y demeu-

(1) *Archives de la Loire-Inférieure*, Seneschaussée d'Hennebont, B 1566.

(2) De Laigue, *La Noblesse Bretonne aux* XVe *et* XVIe *siècles*.

(3) *Montres de l'Evéché de Vannes*, Compagnie du Sire de Rohan Guémené.

(4, 5) De Laigue, *La Noblesse Bretonne*, etc.

(6) P. Potier de Courcy, *Armorial de Bretagne*. Nous trouvons d'autre part une alliance d'*Olive Dollo*, dame du Roz en Merléac, avec *Guillaume Le Lart*, seigneur de Kerverzer, d'où postérité. (C^{sse} du Laz, *Généalogie de la Maison de Saisy de Kerampuil*.) La date de cette union n'est pas indiquée.

rant, seigneur, nobles gens. » Cela nous indique que le Poul, après Guillaume, passa à son fils :

1477   HENRY GRIGNON, qui, en 1477, avait comparu comme homme d'armes de *Pierre de la Forest*, en la compagnie du sire de Guémené : « *Pierre de la Forest, comparu par Henri Gringnon, homme d'armes à V chevaulx pour sa selle; Pierre Aubret et Jean Signach, archer; Jehannin Le Perrier, constillour* » (1).

Puis au fils de Henry :

1514   NICOLAS GRIGNON, qui était seigneur du Poul et y demeurait au mois de janvier 1514.

D'après des titres faisant partie des *Archives du Poul*, et nous ne savons à la suite de quelles circonstances, nous trouvons de nouveau, comme possesseurs de cette terre, des seigneurs de Mur :

1536   LOYS DE MUR, en 1536, et ensuite :

1647   MARGUERITE DE MUR, qui était, selon toutes probabilités, la fille du précédent, et qui porta la terre du Poul dans une autre maison par son mariage avec *Thépauli Raoul* (2).

Un titre du 27 décembre 1647 porte « *D^{lle} Marguerite de Mur dame du Poul* » (3). Un autre, daté de 1649, mentionne *Thépaul Raoul* et *D^{lle} Marguerite de Mur, sa compagne; Thépault Raoul*, seigneur du *Poul par sa femme* » (4). Nous en pouvons conclure que leur mariage eut lieu en 1648 ou 1649.

III. — RAOUL

Les Raoul dont il s'agit ici n'ont rien de commun avec ceux de la Guibourgère et de Saint-Ouen, dans l'évêché de Nantes.

1649   THÉPAUL RAOUL, époux de *Marguerite de Mur* et seigneur du Poul par sa femme (5) en 1649 appartenait à la maison cornouillaise des *Raoul de Kermapjégou*,

---

(1) *Montres de l'Evêché de Vannes*, Compagnie du sire de Guémené.

(2) Titre de 1649 aux *Archives du Poul*.

(3) *Archives du Poul*.

(4) Ibid.

(5) Titres du 28 décembre 1647 et de 1649 *(Archives du Poul)* cités ci-dessus.

en Plouguernével, de Kersaintéloy et de Kerriou en Glomel, qui s'armaient « *De gueules à sept macles d'or 3, 3, et 1,* » et dont le premier connu est Geoffroi qui figure comme archer dans une montre de 1356. Cette maison a donné deux abbés à l'abbaye de Prières (1).

De *Thépaul Raoul* et *Marguerite de Mur* naquirent au moins un fils et une fille :
1° *Jacques Raoul*, seigneur du Poul, qui suivra,

2° *Françoise Raoul* † au Bodeno, en Glomel, le 24 avril 1683 (2). Elle avait épousé *Jacques Le Trancher*, seigneur du Bodeno (3), fils de *Tanneguy Le Trancher* dont il avait hérité avant 1640 (4). Du mariage de Jacques Le Trancher et de Françoise Raoul naquirent aux moins deux filles : 1° *Françoise-Thérèse*, fille aînée et héritière du Bodeno, née en Glomel en 1653, qui épousa, vers 1669, messire *Jacques de Robien*, chevalier, vicomte de La Boullaye en Boqueho (5), dont postérité que nous retrouverons tout à l'heure ; 2° *Anne Le Trancher*, qui, le 27 février 1673, fut marraine à l'église tréviale de Saint-Michel, avec son beau-frère comme parrain, de Jacques-François Le Gall : « Parrain a été messire *Jacques de Robien*, sieur Vicomte de Laboulaye et marraine *damoiselle Anne Le Trancher, fille d'escuyer Jacques Le Trancher, et de Dame Françoise Raoul* sieur et dame du Bodeno ». Anne Le Trancher figure également comme marraine à Saint-Michel le 17 janvier 1679 (6).

Les Trancher, seigneurs de Langourlan, Cozoalet, Kerrannou, Lezivy, Kerambris, et Penquelen, en Gourin, de Bodeno, en Glomel, avaient pour armes : « *D'or au croissant de gueules, accompagné de trois étoiles de même* » (7). Ils jouissaient de prééminences et droits en l'église de Rostrenen à savoir : des bancs et des tombes dans la grande nef de cette église, du côté de l'Evangile, ainsi qu'un écusson

---

(1) P. Potier de Courcy. *Nob. et Arm. de Bretagne*. Les armes de ces deux abbés se voyaient encore il y a peu d'années au manoir de Campostal à Rostrenen (*La Baronnie de Rostrenen*).

(2, 3) Voir leurs actes d'inhumation aux pièces justificatives.

(4) *Archives de la Loire-Inférieure* B 1075. Paroisse de Glomel, Seneschaussée de Carhaix. *Aveu pour la terre du Bodeno* par *Jacques*, fils de *Tanneguy Le Trancher*, escuyer (1640).

(5) Notes communiquées à M. Y. Le Gueu par M. le comte de Robien.

(6) *Registres de Saint-Michel-Glomel*. Communication de Me Trémembert, notaire à Glomel, à qui nous en exprimons notre gratitude.

(7) Potier de Courcy : *Nob. et Arm. de Bretagne*.

dans la vitre de Notre-Dame et dans la chapelle de la Magdeleine en Kergrist. Les *Trancher* avaient aussi des tombes dans le grand chœur de l'église de Glomel, leurs armes dans les verrières, et droit de « lizière » (sic) dans l'intérieur de ce monument (1).

Jacques Le Trancher mourut au manoir du Bodeno et fut inhumé en l'église tréviale de Saint-Michel de Glomel, le 1ᵉʳ août 1673 ; sa femme lui survécut jusqu'au 24 avril 1685 (2).

1652   JACQUES RAOUL, fils de *Thépaul* et de *Marguerite de Mur*, succéda à son père comme seigneur du Poul, entre 1649 et 1652. Le 26 décembre 1652 eut lieu à Saint-Guen, trève de Mur, le mariage de « Messire *Jacques Raoul*, seigneur *du Poul*, de la paroisse de Mellionnec, évêché de Vannes, et de demoiselle *Marie Le Lart*, de la trève du Quillio, paroisse de Merléac, suivant dispense de Monseigneur de Cornouailles et permission des recteurs de leurs domiciles » (3).

Marie Le Lart était fille de Charles, seigneur du Roz, en Merléac, et de dame *Jacquette Le Coniac* (4). Quelques jours avant la célébration de ce mariage, les deux futurs époux assistaient au Quillio, le 14 décembre 1652, au baptême solennel du jeune *Charles Le Lart du Roz*, fils aîné et héritier principal de *Hervé Le Lart*, seigneur *du Roz*, sénéschal de Pontivy, et de *Catherine Le Clerc*. L'enfant eut pour parrain son grand-père *Charles Le Lart*, et pour marraine Mˡˡᵉ *Le Lart* dame *de Rosmeur*. Présents : *Jacquette Le Coniac* (grand'mère du baptisé), *Anne Le Veneur* (femme de Marc Le Lart, oncle paternel de l'enfant) *Marie Le Lart*, *Moricette Le Lart* (sœur de Marie et plus tard épouse de René de Boisgeslin, seigneur du Bot) *Marc Le Lart* et *Jacques Raoul* (5).

Les le Lart, seigneurs du Roz, s'armaient « *de gueules semé de billettes d'argent sans nombre* ». Ils possédaient, outre cette terre, Kerbardoul, Caradec et la Forest en Merléac.

1661   *Jacques Raoul* mourut en 1661, et avant le 5 août de cette année, car il est

(1) *La Baronnie de Rostrenen*, plaquette sans nom d'auteur.

(2) *Registres de Saint-Michel-Glomel.*

(3) *Registres de la trève de Saint-Guen-Mur.*

(4) Mariés en 1620. Charles du Roz se fit prêtre après la mort de sa femme (Comtesse du Laz. *Généalogie de Saisy de Kerampuil*).

(5) *Registres du Quillio*, trève de la paroisse de Merléac.

désigné, à cette date, comme défunt aux registres de la paroisse de Mellionnec (1). *Marie Le Lart* survécut à son époux. Elle figure, assez fréquemment, comme marraine dans cette paroisse, notamment les 1ᵉʳ octobre, 31 octobre et 21 novembre 1658, le 18 septembre 1664, époque à laquelle elle est qualifiée « *dame douairière du Poul*, ainsi que le 28 octobre 1665 et le 6 février 1667, jours où elle appose sa signature sur le même registre, avec cette mention (2).

Du mariage de *Jacques Raoul* avec *Marie Le Lart* :

1° *Marie-Françoise Raoul* que nous voyons figurer comme marraine, au bourg trévial de Saint-Michel, de Marie Bellanton de Kergonan, le 3 mai 1678, avec, comme parrain, « *Jacques Raoul, seigneur du Poul* » (3) qui ne peut être que son frère ci-après désigné sous le nom de *Jacques-Louis Raoul*, qui, en effet, succéda à son père comme seigneur du Poul. *Marie-Françoise* mourut en Glomel, le 25 janvier 1697. Elle figure également comme marraine, en la paroisse de Mellionnec, en 1658 et 1660.

2° Jacques-Louis Raoul, seigneur du Poul. Le 5 août 1661, il est mentionné au registre des baptêmes de Mellionnec comme « *fils aîné de défunt Messire Jacques Raoul et dame Marie Le Lart, seigneur et dame du Poul* » parmi les assistants au baptême de Dˡˡᵉ *Françoise de Saint-Noay*, fille de *François de Saint-Noay* et de dame *Fiacre Guégant*, seigneur et dame de Kergaurant, en Mellionnec (4).

Jacques-Louis Raoul demeura célibataire et vécut fort longtemps dans son manoir du Poul. Nous le trouvons aussi mentionné à divers titres aux registres paroissiaux de Mellionnec : le 2 octobre 1663, il y figure comme parrain, et le 25 juin 1664, comme témoin.

1670   En 1670, le 10 novembre, *Jacques Raoul*, seigneur du Poul, *aliàs Poulminec* et *Poulmineur*, évêché de Quimper, ressort de Carhaix, est, par arrêt de la Réformation du 10 novembre, maintenu dans sa noblesse, comme noble d'ancienne extraction, au rapport de M. de Bréhant, avec sept générations, sur titres vérifiés par le Parlement de Bretagne (5).

(1, 2) *Registres de Mellionnec.* Baptêmes.

(3) *Registres de Saint-Michel-Glomel.*

(4) *Registres paroissiaux de Mellionnec,* Baptêmes.

(5) Guérin de la Grasserie, Potier de Courcy, etc., etc. — Réformation.

1679
1697
1699
Le 27 septembre 1679, le 25 novembre 1697 et le 4 mai 1699, *Jacques-Louis Raoul* est mentionné dans divers actes comme seigneur du Poul et y demeurant (1).

1703
Le 26 juin 1703, *Jacques-Louis Raoul*, seigneur du Poul et autres lieux, signe comme témoin de l'inhumation, en l'église paroissiale de Mellionnec, du cœur de *Marie-Thérèse de Gargian*, dame de Paule, épouse de Messire *François-René Jégou*, chevalier, seigneur de Trégarantec, décédée en son manoir du Laz, paroisse de Carnac, le 17ᵉ jour du même mois, à la suite de la naissance de son fils *Joseph Jégou du Laz*, né le 9 juin 1703 au château du Laz, ondoyé le 10 et baptisé le 14 juillet de la même année, en la paroisse de Carnac, par Le Toullec, recteur (2). Le corps de la jeune femme « *âgée de trente-deux ans ou environ* » fut inhumé « *en la chapelle qui est dans l'église paroissiale* » de Carnac, le 19 juin 1703, en présence de plusieurs prêtres de Carnac et des paroisses de Ploemer et de Plouharnel (3).

1738
1739
En 1738, *Jacques-Louis Raoul* est encore mentionné comme seigneur du Poul en Mellionnec et y demeurant. Il y mourut l'année suivante, fort âgé : il avait, disent quelques-uns, 104 ans, mais cela n'est pas possible, étant donné que le mariage de ses parents eut lieu, ainsi que nous l'avons vu, en 1652 : il faut donc lire 84 ans environ.

1739
La fille de *Françoise Raoul* et de *Jacques Le Trancher*, FRANÇOISE-THÉRÈSE LE TRANCHER, dame du Bodeno et veuve de messire *Jacques de Robien*, recueillit en 1739 la succession de son cousin germain, *Jacques-Louis Raoul*. C'est ainsi qu'elle transmit la seigneurie du Bodeno et celle du Poul à la maison de Robien, c'est-à-dire à ses enfants, son époux étant décédé en 1725 (4). Elle figure dès le 5 août 1661 au registre de baptêmes de Mellionnec (5).

---

(1) *Archives du Poul*. Communication de M. Y. Le Guen.

(2, 3) *Registres paroissiaux de Carnac*. Pièces justificatives de la *Généalogie Jégou du Laz*, par Mᵐᵉ la comtesse du Laz.

(4) *Généalogie manuscrite de la branche de la Boullaye*. Communication de M. Le Guen, d'après le comte E. de Robien.

(5) Présente au baptême de Françoise de Saint-Noay : « Dⁱˡᵉ Thérèse Le Trancher, fille de messire Jacques Le Trancher et de dame Raoul » (Registres de Mellionnec).

IV. — DE ROBIEN

JACQUES DE ROBIEN appartenait à une très ancienne et illustre maison. Elle remonte à *Jacques Boschier*, chevalier anglais, qui, en 1212, épousa *Jeanne d'Avaugour*, dame de *Roc'h-bihan* (dont plus tard on a fait *Robien*), fille d'*Etienne*, *comte de Penthièvre* et d'*Havoix*, comtesse de Guingamp. Leurs descendants se rattachent ainsi à la maison souveraine de Bretagne. Ils prirent, au XIII siècle, le nom de Robien qui est celui d'une terre située dans l'ancienne paroisse de Saint-Thuriau-de-Quintin, évêché de Saint-Brieuc, aujourd'hui dans la commune du Fœil (Côtes-du-Nord).

Les armes de cette maison sont : « *D'azur à dix billettes d'argent 4, 3, 2, 1* » ; sa devise : « *Manet alta mente repostum.* » (« *Il demeure en repos dans sa haute intelligence* ») (1).

Elle compte trois principales branches : 1° celle des marquis *de Robien* ; 2° celle des seigneurs *de Kerambourg* ; 3° celle des seigneurs *de La Boullaye*.

Jacques de Robien, né à Plourhan le 14 février 1645, † avant 1725, appartenait à cette dernière. Nous joignons à notre travail le tableau généalogique de la branche des Robien de la Boullaye, qui a pris ce nom d'une terre, située en Boqueho, apportée à la maison de Robien par le mariage d'un de ses cadets, *Allain de Robien*, seigneur de la Motte, avec *Ysabeau Henry*, dame *de la Boullaye*, d'où *Jacques de Robien*, fils aîné et héritier, qui épousa *Françoise-Thérèse Le Trancher*, vers 1669.

Ils eurent au moins cinq enfants :

1° *Marie-Madeleine*, née à Plourhan le 19 juillet 1670, † avant 1725, mariée à N., seigneur *de Kermellec*, sans postérité.

2° *Jacques-Ignace*, né le 17 septembre 1671, † en bas-âge.

3° *François-Joseph*, seigneur de la Boullaye, né à Plourhan le 5 octobre 1675, † dans la même paroisse le 18 novembre 1726, épouse à Corseul le 1ᵉʳ septembre 1723 *Louise-Marguerite du Breil*, dᴵˡᵉ de la Brousse, fille de messire *Anne du Breil*, chevalier, *vicomte de Pontbriand*.

---

(1) P. Potier de Courcy, *Nob. et Armorial de Bretagne*.

4° *Charles-Pierre*, qui suit, comme seigneur du Poul.

5° *Jacques-Marie*, né en 1681, seigneur de la Motte, † à Boqueho le 18 nov. 1761, épouse à Boqueho le 6 mai 1717, *d*[lle] *Sainte-Pétronille du Pellineuc*, née en 1696, † à Boqueho le 20 novembre 1761, deux jours après son époux. Elle était fille de *Yves du Pellineuc*, seigneur du Run, né en 1639, décédé à Boqueho, le 6 janvier 1731, âgé de 72 ans, et de *Perronnelle-Vincente du Poirier*, qu'il avait épousée à Boqueho, le 22 novembre 1692. Elle y était née en 1671, et mourut dans la même paroisse en 1739, âgée de 68 ans. *Jacques-Marie* et *Sainte-Petronille de Pellineuc* eurent au moins cinq enfants, dont on trouvera la nomenclature et la descendance au tableau généalogique ci-joint.

1705   CHARLES-PIERRE DE ROBIEN, fils cadet de *Jacques de Robien* et de *Françoise-Thérèse Le Trancher*, naquit à Plourhan le 18 avril 1678 et y décéda le 1er janvier 1766. Seigneur du Pont-Lô (1), de Restremar, puis du Poul, il épousa à Saint-Michel, trève de Glomel, par contrat de mariage du 20 mars 1705 (2), *Marie-Thérèse Thibault de Coatcouraval* (3), fille de noble homme *Jean-Gabriel Thibault*, greffier de l'Amirauté de Brest, et de *Etiennette Le Termellier* (4). Marie-Thérèse mourut le 7 janvier 1739, ayant eu de son mariage avec *Charles-Pierre* neuf enfants : 1° *Arthémise*, qui naquit à Coatcouraval, en Glomel, le 2 mars 1710, et y mourut peu après. 2° *René-Gabriel*, seigneur du Pont-Lô et du Poul, dont nous raconterons plus loin la curieuse existence. 3° *Ollivier-Jacques*, né en Glomel, le 30 décembre 1712, mort en bas âge, probablement, et, en tout cas, sans postérité. 4° *Charles-Pierre*, né à Coatcouraval, le 29 décembre 1714, mort aussi en bas âge. 5° *Pierre*, né en 1716, capitaine au Régiment d'Aquitaine, † à Strasbourg le 7 juin 1766, chevalier de Saint Louis, sans postérité.

---

(1) Cette terre venue aux Robien de leur alliance avec la maison Raoul par la mère de Françoise-Thérèse Le Trancher. Les Raoul la tenaient d'Olive Dolo, épouse de Guillaume Grignon et dame du Roz.

(2) Communication de M. Frédéric Saulnier.

(3) En 1678, par acte du 21 février, *Jean-Gabriel Thibault* avait acheté la terre de Coatcouraval, qualifiée seigneuriale, du sieur Dugué, seigneur de Baignols. (Jollivet : *Les Côtes-du-Nord*, art. *Glomel.*) *Thibault*, seigneur de la Carté, de la Marouzière, évêché de Nantes : « *D'or à l'aigle éployée de sable.* » Un échevin de Nantes en 1701. (P. Potier de Courcy, *Nobiliaire.*)

(4) *Le Termellier : « d'azur à une colombe d'argent accolée d'une guirlande de lierre de sinople et surmontée de trois étoiles d'or »*. Evêché de Nantes (Ibid.).

6° *Claude-François*, né à Glomel, le 15 avril 1717, qui succéda à son frère, *René-Gabriel*, comme seigneur du Poul, du Pontlo et du Bodeno, et habitant le Poul. Il épousa *Marie-Andrée de Lehec, ou de Lehen*. 7° *Marie-Thérèse*, née en 1720, † à Quintin, le 26 ventôse an VIII, à l'âge de 80 ans, sans alliance. Elle devait hériter un jour de tous ses frères et sœurs morts sans postérité. 8° *Jean-Gabriel*, prêtre, né à Glomel en 1722, † à Saint-Brieuc, paroisse de Saint-Michel, le 7 germinal an V, à l'âge de 75 ans. Il était vicaire général de Saint-Brieuc. 9° *Marie-Marthe*, née à Glomel le 3 décembre 1724, encore vivante en 1765, mais sans alliance connue.

Charles-Pierre de Robien fit aveu de sa terre du Poul au seigneur de Rohan :
« Messire Charles-Pierre de Robien, seigneur du Pont-Lo, du Poul, Restremard,
« au manoir du Poul, évêché de Vannes, confesse et advoue tenir noblement et
« ligement avec foy et hommage de par très-haute, très-puissante, très-illustre
« princesse Son Altesse Madame Julie-Louise-Gabrielle de Rohan, fille de Hercule-
« Mériadec, prince de Soubise, mariée en 1718, épouse et curatrice honoraire de
« très-haut, très-puissant Son Altesse Monseigneur Hercule-Mériadec de Rohan,
« prince du Guemené, duc de Monbazon, pair de France » (1).

1766   A la mort de *Charles-Pierre de Robien*, décédé en 1766, le 1er janvier, la seigneurie du Poul appartint à son fils aîné et héritier principal, René-Gabriel de Robien, dénommé, jusqu'à cette époque, « *le sieur du Pont-Lo* » et assez remarquablement connu sous cette appellation pour que nous lui consacrions un chapitre spécial dans cette notice sur les seigneurs du Poul. Nous le ferons dans la partie biographique de notre travail.

Mais, pour terminer la partie historique et généalogique de cette étude, sans l'interrompre par cet article particulier, disons seulement ici que

1766   René-Gabriel de Robien, né à Coatcouraval en 1711, et seigneur du Poul en 1766, épousa à Lantic, le 4 août 1741, *Anne-Françoise Geslin*, et mourut au Poul, le 30 septembre 1772, sans postérité, après une existence des plus mouvementées.

1772   Son frère cadet Claude-François de Robien lui succéda, comme seigneur du

____

(1) *Aveux du Poul, Titre général des biens de la seigneurie*, communication de M. Y. Le Guen.

Poul, par suite de la mort de ses frères aînés *Charles-Pierre, Olivier-Jacques* et *Pierre de Robién* (1).

CLAUDE-FRANÇOIS DE ROBIEN, seigneur du Poul, du Pont-Lo, du Bodeno et autres lieux, habitant ordinairement Le Poul, naquit à Glomel (Coatcouraval) le 15 avril 1717. Nous n'avons pas la date exacte de son décès qui dut avoir lieu au Poul. Il avait épousé *Avoie-Marie-Andrée de Lehec* (aliàs : *le Lehec* ou *de Lehen*), mariage dont ne subsista aucune postérité, puisque nous voyons ses biens passer ensuite à son frère vers 1796 (2).

1796　JEAN-GABRIEL DE ROBIEN, vicaire-général de Saint-Brieuc, ne fut pas longtemps
1797　seigneur du Poul, du Pont-Lo, du Bodeno, etc., car il mourut le 7 germinal an V, âgé de 75 ans, étant né en 1722.

Le 29 brumaire an IV, il passa bail à ferme à Nicolas Cadoret pour Resteguerbuon en Mellionnec (3).

1798　En 1798, les biens des seigneurs du Poul sont entre les mains de MARIE-THÉRÈSE DE ROBIEN qui, le 26 vendémiaire an VI, est déclarée seule et unique héritière de son frère Jean-Gabriel de Robien. Elle était née en 1720 et mourut
1800　à Quintin le 26 ventôse an VIII, à l'âge de 80 ans, sans alliance. Domiciliée en cette ville, rue Saint-Yves, elle vendit le 26 vendémiaire an V à *Ollivier Ollitraut,* époux de *Jeanne Quillo,* demeurant à Lanegoff, commune du Quillio, la terre et le moulin du Poul et Resteguerbuhon en Mellionnec (4). Signé : *Marie-Thérèse de Robien.*

Elle conserva le reste de la succession et la laissa à ses héritiers qui étaient :

1° Du côté paternel : *Pauline-Renée de Robien,* fille de son cousin germain, *François-Gabriel de Robien,* époux de *Marguerite-Toussainte de Bosquien,* et fils lui-même de *Jacques-Marie de Robien,* seigneur de la Motte, qui avait épousé *Sainte-Pétronille de Pellineuc,* et était frère de *Charles-Pierre de Robien* (5).

---

(1) En 1778, Aveux : Le Bodeno, en Glomel, à *Claude-François de Robien,* seigneur du Poul, *héritier collatéral de son frère, René de Robien,* sieur du Pontlo (*Archives de la Loire-Inférieure,* B 1075). Paroisse de Glomel, Sénéchaussée de Carhaix.

(2) Dossier Le Guen, *Archives du Poul.*

(3) Ibid. Conan, notaire à Saint-Brieuc.

(4) Not. de Quintin, F. R. Perrin, notaire second ; Hervé, notaire rapporteur. *Archives du Poul.*

(5) Voir notre tableau généalogique.

2° Du côté maternel : *Marie-Vincente Thibault*, veuve de *Jean-Louis de Bruix*, demeurant à Port-Liberté (Morbihan) (Lorient). Cette *Marie-Vincente Thibault* était une fille de Jean-Gabriel Thibault, sieur de Coatcouraval et de Etiennette Le Termellier et fut la mère de l'amiral de Bruix, né lui-même à Coatcouraval (1).

Pauline-Renée de Robien, née à Saint-Jean-de-Lamballe le 13 novembre 1774, mourut à Quintin le 2 mars 1851. Elle avait épousé à Boqueho, le 19 frimaire an X (1802), *Alexandre-Jacques-François de Courson de la Villevalio*, maréchal de camp, chevalier de l'ordre royal et militaire de Saint-Louis, commandeur de la Légion d'Honneur. Il était né à Trédaniel, le 23 mars 1767, mourut et fut inhumé à Fontainebleau, le 26 janvier 1847. Sa femme l'y rejoignit quatre ans après. Il était fils de *Jean-François de Courson*, seigneur de Kernescop, et de *Jeanne de la Villéon*.

Ils ne furent jamais propriétaires du Poul, vendu, ainsi que nous l'avons vu, par *Marie-Thérèse de Robien* à *Ollivier Ollitraut* (2).

V. — LES PROPRIÉTAIRES DU POUL APRÈS LA RÉVOLUTION (3)

1797   OLLIVIER OLLITRAULT, acquéreur du Poul en 1797, le vendit à son tour à :

1808   GUILLAUME CAREL, demeurant à Coat-Pringeur, commune de Lan-Gouelan, qui le lui acheta le 28 novembre 1808.

1810   Le 12 janvier 1810, Le Poul passe de nouveau à OLLITRAULT-KERIVALANT.

1815   JOSEPH OLLIVIER, maire de Mellionnec, et sa femme *Louise Herpe*, achètent Le Poul le 22 décembre 1815.

1824   Achat du Poul le 3 décembre 1824 par M. VICTOR LE GUEN et Mme *Geneviève Le Pesant*, de Paimpol, acquéreurs du château de Trégarantec et de ses dépendances (4).

(1) B. Jollivet : *Les Côtes-du-Nord*, Article Glomel, t. V.
(2) Communication de M. Yves Le Guen, *Archives du Poul*.
(3) Nous tenons cette liste de l'obligeance de M. Y. Le Guen.
(4) Moins le Reste (Kerbuchon). Note de M. Le Guen.

1846 Par partage entre les enfants de M. et Mme *Victor Le Guen*, la terre du Poul et son manoir passent en la possession de M. MAURICE LE GUEN et de son épouse, dame *Zénaïde Gicquel*. M. Maurice Le Guen achète alors le Reste. Il décéda en 1876.

1878 A la mort de M. *Maurice Le Guen*, le partage intervenu entre ses enfants, le 7 mars 1878, attribua le Poul à M. YVES LE GUEN, l'un de ses fils (1), qui le possède encore de nos jours et à qui nous sommes redevable de sa précieuse collaboration à cette notice. Il a remplacé l'antique manoir du Poul, qui succombait sous le poids des siècles, par une gracieuse demeure moderne, entourée de verdure et de fleurs.

Le Poul possédait chapelle, colombier, cimetière, qui ont totalement disparu, mais dont les noms sont demeurés aux diverses pièces de terre sur lesquelles ils étaient situés.

(1) Moins le Reste.

TROISIÈME PARTIE

BIOGRAPHIE

René-Gabriel de ROBIEN et son Epouse Anne-Françoise GESLIN

Nos lecteurs connaissent maintenant, aussi bien que nous, et la légende et l'histoire des seigneurs du Poul. Reste à retracer ici, dans tous ses détails, la biographie de celui qui, dans la tradition populaire, est devenu le « *mauvais seigneur* », l'époux de la « *dame du Poul* » (1).

C'est au manoir de Coatcouraval, caché au milieu des bois, dans l'antique paroisse de Glomel, que naquit, en 1711, messire *René-Gabriel de Robien*. Il était fils aîné et héritier principal de noble messire *Charles-Pierre de Robien*, seigneur du Pont-Lo, du Poul, de Coatcouraval et autres lieux, et de *Marie-Thérèse Thibault*, dame et héritière de ce dernier manoir, lesquels, ainsi que nous l'avons vu, se marièrent le 20 mars 1705, en l'église de Saint-Michel, alors trève de Glomel (2).

---

(1) Un sentiment de délicatesse que l'on comprendra, nous fit hésiter un moment à produire ici, dans tous ses détails, le récit de l'existence mouvementée de *René-Gabriel de Robien*. Il appartient, en effet, à une famille honorable et distinguée, à juste titre estimée de tous. Mais les documents qui servent de base à cette étude et qui se trouvent aux *Archives départementales d'Ille-et-Vilaine*, ont été publiés déjà, au moins en grande partie, par d'autres historiens : 1º A. Dupuis : *La Bretagne au dix-huitième siècle ;* 2º Marc Chassaigne : *L'Organisation de la Famille et les lettres de cachet ;* 3º Jean Loudan : *La Grande Misère et les voleurs au XVIIIᵉ siècle.* Nous considérons donc *René-Gabriel de Robien*, dit « *le sieur du Pont-Lo* », comme appartenant désormais à l'histoire de notre région.

(2) Canton de Rostrenen (Côtes-du-Nord).

Nous ne possédons aucune donnée sur la première jeunesse de René-Gabriel : il dut faire prévoir de bonne heure, par ses mauvaises inclinations, ce que serait son existence, si peu digne de sa qualité de gentilhomme : « Il y a longtemps que je le « connais — écrit un de ses contemporains en 1751 (1) — je ne puis disconvenir « que sa conduite répond peu à sa naissance, mais, étant allé demeurer, depuis « quelques années, dans le quartier de Rostrenen et du Favoët, je ne pourrais « certifier que tout ce qu'on lui impute fût véritable. » Nous verrons bientôt quelles étaient ces imputations.

René-Gabriel habitait au Pont-Lo, en Plourhan, quand, vers l'âge de trente ans, il fit la connaissance d'une jeune fille de quinze à seize ans, dont les parents habitaient un château du voisinage. Elle se nommait *Anne-Françoise Geslin*, fille de *Julien-Charles Geslin* (2), *seigneur de Bourgogne*, en Lantic, où elle naquit le 14 juin 1725 (3), de ce seigneur et de son épouse *Marie-Jeanne Le Métayer* dame *de Kerjean*. Noble d'antiquité chevaleresque, mais peu favorisée des dons de la fortune, elle plut cependant à notre jeune seigneur. Il sollicita de son père, *Charles-Pierre de Robien*, l'autorisation de la prendre en honnête et légitime mariage. Charles-Pierre n'avait-il que peu de confiance dans les belles promesses d'amendement et de bonne conduite, que le jeune gentilhomme ne manqua pas de lui faire, pour obtenir son consentement à l'union projetée ?... Ou bien l'opulente maison de Robien considérait-elle d'un peu haut la situation, plus modeste, des seigneurs de Bourgogne ?... Toujours est-il que René-Gabriel se heurta au refus le plus formel opposé par son père à son projet de mariage.

Le jeune « sieur de Pont-Lo » n'était pas de ceux que de pareils obstacles peuvent arrêter dans l'accomplissement de leurs volontés : il fit à son père des sommations, plus légales que respectueuses, et le Parlement de Bretagne, y faisant droit, ordonna au recteur de Lantic de procéder à la consécration solennelle du mariage de messire

---

(1) Lettre du sr de Porville-Hamon, subdélégué de Guingamp. Arch. d'Ille-et-Vilaine, C. 175.

(2, 3) GESLIN : « *D'or à six merlettes de sable 3, 2, 1.* » Cette maison a été maintenue à la Réformation de 1669. Dès celle de 1427, ses membres sont qualifiés chevaliers. Deux branches : celle *de Trémargat*, branche aînée, a formé, au commencement du XVIIe siècle, la branche *de Bourgogne*, par le mariage de messire *Yves Geslin* avec noble dlle *Françoise Le Roux*, dame *de Bourgogne*, en la paroisse de Lantic, dont elle était héritière. (Voir tableau généalogique aux pièces complémentaires).

René-Gabriel de Robien, seigneur du Pont-Lo, avec noble demoiselle *Anne-Françoise Geslin*. La cérémonie eut donc lieu en l'église de cette paroisse, de laquelle dépend le château de Bourgogne, le 4 août 1741 : en dépit de la volonté paternelle, les deux époux se trouvèrent unis (1).

Les ressources du nouveau ménage étaient plutôt modestes, elles se bornaient à l'héritage reçu par René-Gabriel au décès de sa mère, en 1739, environ 1200 livres de revenu, dont son père avait dû lui rendre compte. Cette petite fortune était même quelque peu endommagée, par suite des folles dépenses et de la vie désordonnée de notre jeune seigneur.

« Dès qu'il se vit à lui-même — écrit en parlant de lui, en novembre 1767, le sieur Audouard, subdélégué de Rennes, — il s'abandonna aux plus grands vices et à la crapule la plus infâme » (2).

Dans les campagnes de Basse-Bretagne, notamment dans la région du Faouët et de Guémené-sur-Scorff, il n'était question, à cette époque, c'est-à-dire vers 1750, que des exploits d'une fameuse bande de voleurs qui dévastaient le pays. Cette troupe dont l'audace était sans limites, marchait sous la conduite d'une fille du Faouët, nommée *Marie Tromel*, dont l'existence, aussi curieuse que mouvementée, a tenté, de nos jours, la plume de plus d'un historien. Bientôt célèbre sous le nom de guerre de « *Marion du Faouet* » cette femme, qui, d'ailleurs, menait une existence des plus irrégulières, dut longtemps l'impunité à une habileté et une ruse prodigieuses, et à la terreur superstitieuse dont elle avait su s'entourer.

« Petite voleuse, d'ailleurs voleuse de petites gens. Elle n'opère pas en grand, n'arrête pas les diligences, ni les seigneurs en voyage, ni même les bourgeois. Elle est une femme illettrée mais fine et prudente, elle respecte les grands qui détiennent la force. Elle est même au mieux, paraît-il, sinon avec les grands, *du moins avec un grand, un gentilhomme, apparenté avec de très hauts seigneurs...* Elle attaque, sur les chemins enténébrés, sur les mauvaises routes désertes, les laboureurs attardés, les colporteurs

(1) Registres paroissiaux de Lantic.

(2) Rapport du sieur Audouard au Comte de Saint-Florentin, *Archives d'Ille-et-Vilaine*, C. 175. Ce document, joint à quelques autres, nous fournit une notable partie de cette notice biographique. Nous en devons la transcription à l'obligeance de M. Auguste Oudin, conseiller à la Cour d'Appel de Rennes. Qu'il veuille bien en agréer nos plus cordiaux remerciements.

qui s'en reviennent de quelque foire, les fermiers ou domaniers, plus ou moins ivres, qui rentrent chez eux contents, ayant vendu une vache, un cochon, et dont le gousset, ce soir, est bien garni. Tout à coup, au bord d'une lande, au coin d'un bois, la belle Marion se dresse, parmi quelques-uns de ses galants, ou associés, inquiétante, demande « *la bourse ou la vie* » ou bien « *l'argent de bouteille* », ou bien « *sa part de pardon* ». Et, d'ordinaire, le paysan craintif obéit tout de suite... il ne se débat guère, en toute tranquillité, en toute sécurité elle le rançonne. Par son audace, par sa ruse, elle est devenue très puissante. On l'a surnommée *Marie Finefont*, c'est-à-dire *Marie la Rusée*, Marie la foncièrement fine. Tout le monde la connaît sous ce nom... partout on la considère et partout on la craint (1). »

Elle passait pour sorcière et possédait, disait-on, une tarière enchantée : en perçait-elle un arbre ? Aussitôt jaillissait une liqueur délicieuse, un philtre qui endormait les archers !

Au reste elle ne tuait personne et empêchait ses gens de répandre le sang, et, au milieu de ses égarements, elle gardait au fond du cœur un noble sentiment : celui de la reconnaissance.

Comme elle opérait un jour aux environs de Mellionnec, elle rencontra, à la nuit tombante, le comte Jégou du Laz, traversant les grands bois qui environnaient son château de Trégarantec. Selon sa charitable coutume, le comte revenait de porter des secours à une pauvre famille. Tout à coup il voit se dresser devant lui une femme inconnue qui lui dit :

« Monsieur le Comte, vous êtes bon pour tous, les méchants comme les autres, mes parents mêmes, que vous ne connaissez pas, vous ont des obligations. Je serais fâchée qu'il arrivât, à vous ou aux vôtres, quelque peine à cause de moi. Voilà un sauf-conduit : avec lui vous pouvez passer sur les routes de nuit comme de jour. »

Et elle remit à Monsieur du Laz un étui en bois. A ces mots le seigneur de Trégarantec avait reconnu Marion, il essaya de lui faire quelques représentations, de lui donner quelques conseils pour la ramener dans la voie du bien, mais elle, l'interrompant :

« Monsieur le Comte, mon heure n'est pas encore venue. »

(1) J. Lorédant, *Marion du Faouët*, pp. 86, 87.

Et elle disparut » (1).

Tout différents furent les rapports de Marion du Faouët avec le châtelain du Poul, habitant également la paroisse de Mellionnec. Le nom qu'il portait, sa parenté très proche avec l'illustre président de Robien (2), l'un des personnages les plus remarquables de la province, auraient dû interdire à notre gentilhomme l'accomplissement d'actes déshonorants. Mais René-Gabriel, bientôt à peu près ruiné par ses désordres, ne songeait qu'à se créer de nouvelles ressources pour satisfaire ses goûts de luxe et de plaisir. Profitant même des garanties d'impunité, presque certaines, que lui assurait son nom, il y fit participer Marion et ne craignit pas de s'associer à cette femme et de la couvrir de sa haute protection, partageant, avec elle et ses compagnons, les produits de leurs vols. « Il en fit même sa maîtresse et il a vécu avec elle jusqu'au moment où elle fut arrêtée et livrée à la justice, » écrit encore le sieur Audouard au comte de St-Florentin.

Déjà René-Gabriel avait été signalé à la Maréchaussée pour avoir, usant faussement du titre de l'un des subdélégués de Sa Majesté, parcouru les villages et extorqué à des particuliers des sommes importantes (3).

Mais, à cause du nom qu'il portait, on avait réussi à étouffer l'affaire, en remboursant les personnes lésées, afin d'éviter les poursuites judiciaires.

C'est vers 1750 que le seigneur du Poul, enhardi par cette impunité, fit de nouveau parler de lui et scandalisa toute la région par ses relations beaucoup trop familières avec Marion et sa bande. Il les hébergeait chez lui, buvant et festoyant avec eux, et l'on raconte qu'un de ces soirs de bombance, il chassa violemment du logis l'infortunée *Anne-Françoise Geslin*, sa femme, pour y installer *la belle Marie Finefont*.

Alors commença le martyre de la malheureuse châtelaine du Poul. Depuis de longues années déjà, l'union avait cessé de régner dans un intérieur, sans cesse troublé par la vie désordonnée de l'époux, par les reproches trop mérités, mais mal

<hr>

(1) J. Baudry. *La Bretagne à la veille de la Révolution*, p. 24, Tome Ier, et Trévédy, *Marion du Faouët*.

(2) Célèbre jurisconsulte, né à Rennes le 4 novembre 1698, † à Rennes le 5 juin 1756.

(3) Pour ces faits et les suivants, voir le rapport et la correspondance des sieurs Audouard et de Porville avec le comte de St-Florentin : *Archives d'Ille-et-Vilaine*, C. 175 et J. Lorédan : *La Grande Misère, au XVIIIe siècle, Marion du Faouët*.

accueillis, que ne dut pas manquer de faire la pauvre femme outragée à celui dont elle avait, hélas ! fait son seigneur et son maître. Dénuée de ressources régulières, contrainte de vivre du produit des vols et des expédients malhonnêtes dont usait le sieur de Pont-Lo pour se procurer de l'argent ; mal vue et déconsidérée par la famille dans laquelle elle était entrée, comme une intruse, à la faveur de la sommation légale, la jeune dame du Poul, depuis longtemps déjà, vivait dans de perpétuelles angoisses.

Ecrivait-elle à son beau-père, *Charles-Pierre de Robien*, pour le supplier, par lettres du 18 septembre 1750 et du 30 mars 1751 « de chercher tous les moyens de réprimer « les excès de son fils » et de sauvegarder l'honneur du nom qu'il portait ?... Charles-Pierre faisait la sourde oreille. Il semble même en avoir voulu rejeter la responsabilité sur sa belle-fille. « Au surplus — écrit le 17 octobre 1751 le subdélégué de Guin-« gamp, le sieur de Porville — il m'a été rapporté que la dame, son épouse, pouvait « aussi avoir quelques torts, mais, enfin, cela n'a pu l'authoriser à vivre d'une façon « à déshonorer... Or son association avec cette troupe (celle de Marion) — dit aussi le « sieur Audouard — et le recèlement qu'il en faisait chez lui étaient si notoires que « son signalement fut envoyé aux brigades de la maréchaussée pour l'arrêter. Le « sieur de Robien, père, quoique bien instruit de la mauvaise conduite de son fils, ne « fit, soit par une oëconomie mal entendue, ou d'autres motifs que l'on ignore, aucune « démarche pour réprimer ces excès » (1).

Un jour vint, cependant, où la famille de Robien, indignée de l'inaction de Charles-Pierre, unit ses instances à celles de la malheureuse épouse de René-Gabriel, et « se donna des mouvements qui furent déterminés par les cris et les lettres de la dame de Pontlo » (2). Celle-ci demanda également à Mme la duchesse d'Elbœuf (3) qui était alors en basse Bretagne, en son château de Rostrenen, à M. Duhafond, lieutenant de la Maréchaussée de France, à M. Mazette de la Saudraye, sénéchal du Faouët, de joindre leurs sollicitations aux siennes pour engager les parents de son mari à prendre les mesures nécessaires pour sauvegarder l'honneur de leur nom. Elle obtint enfin gain de cause, et, le 17 novembre 1751, le roi signa à Fontainebleau une lettre de

(1) Lettres du sieur Audouard déjà citées.
(2) Ibid.
(3) Dernière baronne de Rostrenen.

cachet, en vertu de laquelle le sieur du Pontlo fut capturé et enfermé, pour un temps indéterminé, chez les Frères de la Charité de Pontorson.

René-Gabriel ainsi séquestré par l'autorité royale, sur la demande de sa femme et de ses parents, « à cause de la vie crapuleuse qu'il menait et de ses liaisons avec des gens capables de l'entraîner dans des actions déshonorantes », profita-t-il, du moins, de sa retraite pour s'amender et renoncer à ses mauvaises habitudes ? La famille de Robien l'espérait sans doute quand elle se décida à prendre, à son égard, une mesure aussi énergique. Malheureusement René-Gabriel était incorrigible !

« Si l'on en croit les lettres des supérieurs de la maison de Pontorson, — écrit le « sieur Audouard, subdélégué de Rennes, le 29 novembre 1767, — il ne paraît pas que « les mœurs du sieur de Pontlo se soient améliorées depuis sa « détention » — qui « durait cependant depuis seize ans ! — En effet, ces religieux écrivoient le 16 mars 1757, « 13 may 1763, 11 et 12 août 1763, à la famille que le sieur de Pontlo étoit bien « éloigné des sentiments que doit avoir un gentilhomme, qu'il avait les qualités les « plus dangereuses ; qu'il se plaisait à mettre la maison en combustion ; qu'ayant « obtenu, par des égards particuliers, la permission de sortir et de se promener dans « la ville, il n'en profitait que pour aller boire et s'enivrer journellement avec les gens « les plus vils ; que, enfin, on avait été obligé de lui retirer cette permission et de le « renfermer étroitement » (1). Aussi, le 29 avril 1765, la dame de Pontlo, qui avait sollicité du comte de Saint-Florentin de présenter en son nom un placet au roi, afin d'obtenir la mise en liberté de son volage époux, écrivait-elle à son parent, M. le Président de Robien, « qu'elle voyait l'impossibilité de solliciter la révocation de la « lettre de cachet, par tout ce qu'elle avait appris de l'inconduite de son mary ; qu'il « continuait toujours, dès qu'il pouvait jouir de la moindre liberté, à entretenir les « plus mauvaises liaisons ; qu'elle renonçait à un projet qui ne pouvait que répandre « l'infamie sur une famille aussy respectable. Elle finissait sa lettre en priant M. le « Président de Robien « de seconder ses vuës pour empêcher l'élargissement (2) de « son mari ».

Sur ces entrefaites, *Charles-Pierre de Robien*, son père, mourut à Plourhan, le 1er janvier 1766. Or, René-Gabriel étant fils aîné et héritier principal de sa maison, devait, selon la Coutume de Bretagne, prendre la plus large part dans la succession de

(1, 2) Rapport du sieur Audouard précité.

ce gentilhomme (1). « Il laissait de 7 à 8.000 livres de rentes à partager entre ses cinq
« enfants. La Dame de Pontlo, après avoir balancé longtemps si elle solliciterait, ou la
« liberté de son mari, pour venir régler cette affaire avec sa famille, ou la continuation
« de sa détention, prit un milieu : celuy d'enlever son mary ; en conséquence, elle se
« transporta le 18 janvier 1766 à Pontorson (2). Elle savait qu'on avait rendu au sieur
« de Pontlo sa liberté de promener dans la ville. Elle le trouva dans un cabaret, soit
« que cette rencontre fût préméditée ou autrement ; elle le fit monter à cheval et
« l'emmena à l'insu des supérieurs de la maison de Pontorson. En agissant ainsi
« Anne-Françoise conservoit à la lettre de cachet toute sa valeur effective, et, par suite,
« ne rendait à son mari qu'une liberté très précaire. Les archers de la maréchaussée
« pouvaient le saisir et l'interner de nouveau au premier signal, si sa conduite laissait
« encore à désirer, garantie qui eût été annulée par la révocation de la lettre de cachet.
« Mais elle avait agi sans consulter les parents de son mari. Ceux-ci, instruits de cet
« événement, firent quelques démarches pour y remédier ; mais le sieur de Pontlo,
« loin d'en être effrayé, alla les voir et, pour capter leur bienveillance, il leur offrit de
« faire une démission de ses biens à ses cadets, croyant qu'un pareil acte luy aurait
« procuré une liberté entière. Sa proposition fut d'abord rejettée, mais sur sa menace,
« que, si elle n'était pas agréée, il allait vendre son bien à fond perdu, elle fut enfin
« adoptée et l'acte, qui n'est à bien dire qu'une substitution, fut rapporté.

« Par cet acte, on luy laisse la jouissance du revenu de sa légitime dans les succes-
« sions paternelle et maternelle, et il en a toujours jouï depuis ce temps. On n'a cherché
« à profiter de sa bonne volonté, connaissant son inconduite, que pour empêcher,
« comme il en menaçoit, qu'il n'eût aliéné ou hipotequé les fonds par de nouvelles
« dettes : au surplus tous les revenus sont saisis par les créanciers, tant pour les dettes
« qu'il a contracté avant sa détention, que pour celles que sa femme a créé depuis. »

« Le sieur de Pontlo ayant vu que cette démission n'avait rien opéré en sa faveur
auprès de ses parents, qui, après l'avoir pressé inutilement de retourner à Pontorson,

---

(1) D'après la *Coutume de Bretagne*, le fils aîné d'un gentilhomme avait droit aux deux tiers de
l'héritage paternel, « plus le château ou principal manoir, avec le pourpris qui sera le jardin, coulombier
et bois de décoration ». Les cadets, si nombreux qu'ils fussent, se partageaient l'autre tiers. *(Article 541.)*
(2) Cela prouve qu'elle était demeurée chez elle, libre de ses allées et venues, et cette constatation
est en accord avec la tradition du pays.

prenaient des moyens pour l'y forcer, s'embarqua et passa dans l'isle de Jersey en Angleterre, où il est encore, et depuis il s'est pourvu en justice pour faire annuler la démission. Il n'est pas douteux qu'il réussira parce que cet acte et les circonstances dans lesquelles il a été passé, sont contraires à l'esprit de la Coutume de Bretagne. »

René-Gabriel réussit, en effet, à faire annuler cet acte qui le dépouillait et rentra en possession de ses biens. Mais, quoiqu'il eût obtenu, à tort ou à raison, du gouvernement anglais des certificats de bonne conduite, il ne parvenait pas à faire révoquer la lettre de cachet dont la maintenue, menaçant sans cesse sa liberté, l'obligeait à demeurer à l'étranger pour se dérober aux poursuites de la maréchaussée. Sa femme l'avait accompagné à Jersey, soit qu'elle espérât le ramener au bien, soit qu'elle eût lieu de craindre que la famille de son mari, indisposée contre elle, ne la fît enfermer, à son tour, dans quelque couvent.

Dès lors elle joignit ses instances à celles du sieur de Pont-Lo pour faire rapporter la lettre de cachet. L'histoire ne dit pas à quelle époque René-Gabriel recouvra son entière liberté : fut-il enfin converti après une aussi longue détention ?... La pauvre châtelaine du Poul connut-elle quelques jours lumineux à la suite de tant d'années sombres et douloureuses ?...

1772 Toujours est-il que les deux époux revinrent habiter leur petit manoir cornouaillais, où, le 17 juillet 1772, René-Gabriel de Robien, chevalier, seigneur du Pont-Lo, consentit un bail de convenant en qualité de seigneur du Poul (1).

1773 Il y mourut peu de temps après, à l'âge de 61 ans. Le 27 avril 1773, cette terre et les autres biens de *René-Gabriel de Robien* se trouvent aux mains de son frère cadet et héritier *Claude-François de Robien* (2).

Anne-Françoise survécut à son mari. La tradition dit qu'elle demeura au Poul et y mourut. Toutefois nous n'avons pu retrouver l'acte de son décès au registre des inhumations de la paroisse de Mellionnec.

De l'avis de tous, c'est elle qui personnifie la « Dame du Poul » dont le souvenir et les « empreintes » sont devenus l'objet de la vénération des pèlerins de « Notre-Dame du Poul ».

J. BAUDRY.

Saint-Mars-la-Jaille, le 3 juin 1914.

(1) *Archives des Côtes-du-Nord*, 66ᵉ boëte, liasse 16ᵉ.
(2) *Archives des Côtes-du-Nord*. Ibid. Voir aussi notre tableau généalogique des Robien de la Boullaye.

Maison GESLIN

(Branche de Bourgogne)

Armes : « *D'or à six merlettes de sable.* »

Les *Geslin*, sieurs de *Trémargat*, paroisse de Plélo, ont possédé en outre, les terres de Kerourio, Kercourton, Châteaunoir, Boisbic, du Verger, de Coëtcouvran, de la Villeneuve, etc... et ont fait leurs preuves de noblesse pour l'entrée de l'un d'eux dans l'ordre de Saint-Jean de Jérusalem, à l'aide de documents remontant à 1428. (*Bibliothèque Nationale* (ms) *Carrés de d'Hozier*, vol. 290.) On trouve, plus anciennement encore, *Jean Geslin*, écuyer dans une montre de Du Guesclin en 1371. (Courcy, *Armorial de Bretagne* ; Aveneau de la Grancière, *Notes historiques sur la par. de Pluguffan* ; Notes de M. F. Saulnier, etc...)

La branche de Bourgogne, sortie au XVIᵉ siècle de celle de Trémargat, comme toutes les autres, a pour auteur *Yves Geslin*, sᵉʳ *de Bourgogne*, fils puîné de mess. *Pierre Geslin*, sᵉʳ de Trémargat, et de dame *Jacquette de Coatarel*, ceux-ci mariés par contrat du 21 avril 1534 (passé devant deux notaires de Lesneven). La branche de Trémargat a fait, le 19 février 1727, ses preuves de noblesse pour l'entrée d'un de ses membres dans l'ordre de Saint-Jean de Jérusalem et fourni des documents remontant à 1428 (1).

Vᵉ degré : *Pierre Geslin,* fils aîné et héritier principal et noble de *Jean Geslin,* écuyer, sᵉʳ de *Trémargat*, et de dame *Jeanne de Tournegoët,* a eu de *Jacquette de Coatarel* :

1° *Jacques Geslin,* sᵉʳ de Trémargat, qui a quitté la postérité de la branche principale ; 2° *Yves,* qui suit ; 3° *Philippe,* auteur de la branche de Keroriou.

Branche de Bourgogne

VIᵉ degré : *Yves Geslin,* 2ᵉ fils de *Pierre* et de *Jacquette de Coatarel*. Marié, vers 1570, à *Jacquette Le Roux,* dame de Bourgogne, en la paroisse de Lantic, et héritière de cette maison dont :

(1) Bibliothèque Nationale (manuscrits) *Carrés de d'Hozier*, vol. 290.

VIIe degré : *Jacques Geslin*, écuyer, s^{gr} de Bourgogne, fils aîné des précédents, marié à 1° d^{lle} Louise ne Kerdegast ; 2° à N... (1) dont, du premier mariage :

VIIIe degré : *Jean Geslin*, écuyer, s^{gr} de Bourgogne, fils aîné, marié à d^{lle} *Perronnelle Garjan*, fille noble de la maison de Kerdozet, dont :

IXe degré : *François Geslin*, s^{gr} de Bourgogne, fils aîné, demeurant, en 1669, dans la paroisse de Lantic, maintenu dans sa noblesse d'ancienne extraction, par arrêt de la Chambre de réformation de la noblesse de Bretagne, du 9 août 1669, marié à d^{lle} *Françoise Collet de la Ville-Solon*, fille aînée de mess. *Georges Collet* et de dame *Marie de Rosmar*, née à Plélo, le 8 février 1646, d'où : 1° N... ; 2° *Georges-Claude-René Geslin*, s^{gr} *de la Ville-Solon*, auteur de cette branche, marié à d^{lle} *Françoise-Renée du Bouilly de la Morandais*, décédée à Saint-Brieuc, en 1744, âgée de 92 ans. Dont est issu le rameau de la Ville-Solon.

X^e degré : N... s^{gr} de Bourgogne ? dont :

XIe degré : *Julien-Charles Geslin*, s^{gr} de Bourgogne, marié à Lantic, en 1722, à d^{lle} *Marie-Jeanne-Vincente Le Métayer de Kerdaniel* d'où :

XIIe degré : 1° *Jérôme Geslin*, commandant d'une compagnie de dragons fut tué à la bataille de Rossbach (1757) ; *Anne-Françoise*, née au château de Bourgogne et ondoyée à Lantic, le 14 juin 1725, mariée à l'âge de 16 ans, à Lantic, le 4 août 1741, à *René-Gabriel de Robien*, sieur du Pont-Lô ; 3° *Marie-Anne Geslin*, épousa en 1747, *Louis-Armand Vittu de Kerraoul* ; 4° *François*, frère cadet devint héritier principal par suite de la mort de son frère aîné *Jérôme*. Il fut s^{gr} de Bourgogne (2).

---

(1) L'arrêt de maintenue ne nomme pas la seconde femme, tout en constatant l'existence d'un mariage.

(2) Notes de M. Geslin de Bourgogne, de Saint-Brieuc (*Dossier Le Guen*), et de M. Frédéric Saulnier.

Maison de ROBIEN

(Branche de la Boullaye) (1)

Armes : ROBIEN :
« D'azur à dix billettes d'argent, 3, 3, 3, 1 »

GAUTRON :
« D'azur à six coquilles, Rangées, 3, 2, 1 »

Devises :
« Mavet alba mente repositum »

et aussi :
« Sans vanité ni problème »

Premier auteur connu : Jacques BOSCHIER, chevalier, milour d'Angleterre, épousa en 1544 Jeanne d'Avaugour, dame de Boult-Mihan, fille, petite d'Yvonnet, comte de Penthièvre, et d'Hacdru, commune de Garaguony, d'où, entre autres portions, est issue :

CLAUDINE, dame de ROBIEN, épousa en 1564 Jacques GAUTRON, écuyer, de Plaisac et seigneur de la Ville-Mingoy, chevalier de l'Ordre du Roi. Il fut stipulé, lors de ce mariage, que leurs descendants porteraient le nom de ROBIEN. 1764 :

CHRISTOPHE GAUTRON DE ROBIEN, vicomte de Plaisac, ch. de l'Ordre du Roi, gouverneur de Quintin, [illegible], épousa le 6 juin 1621, Seigneur de Robien, de Ville-Mingoy, et Pichault de Bachia, en Quintin, de Renival [illegible] de Vieux-Châtel, en Saint-Gilles, du Chassé, en Plaisac, confirmé dans l'possession du nom de Robien, par [illegible] du nom de 1601 gentilhomme, d. le dix-huit du [illegible], épousa à Xertin, le 8 mai 1621 [illegible] de 19 [illegible], Gautron de Botcourt fille de Henri et de Louise Marçoux, qui mourut en avril 1650, d'où :

CHRISTOPHE DE ROBIEN	JEAN DE ROBIEN	ALLAIN, sgr de la Motte, en Plaudren	LOUISE	PERRONELLE	LOUISE
épousa Marie Le Vicomte, Branche des marquis de Robien.	vicomte de Baud-Mihan, épousa Gervaise Boceau sgr. Chainière, veuve, chevalier de l'Ordre du roi.	épousa à Plaudren le 20 août 1645, [illegible] Yvonnet Henry, fille de Maurice Jacques Henry, seigneur de la Ville-Robert, et Botvender, un Botvender, seigneur de Robien, née à Plaudren le 25 [illegible] 1620 † 27 mars 1647.	[illegible] de Corlay, 11 oct. 1620, puis veuve de Meslion.	Relig., entra à l'Abbaye de la Trinité à Hennebont.	épousa Jacques Henninguer, seigneur de Botcourt (Haut-Corlay), de la Touche, Gerland, Kergu, d'où postérité.

JACQUES DE ROBIEN, chevalier seigneur de la Boullaye en Baguenho			FRANÇOIS,		
né à Plaudren, 24 février 1644, † en 1712, lieutenant [illegible], au barang en Baguenho, épousa vers 1680 Pélagie-La-Rue Le Toualnec, héritière de Bréhan et Glen-I, fille de Jacques et Louise [illegible] de Robien, † à Glénac 1er août 1675, et d. François Boscec, † à Glénac, 22 avril 1665.			né à Plaudren, le 20 juin 1647, † ce bas [illegible].		

MARIE-MADELEINE DE ROBIEN	JACQUES-IGNACE	FRANÇOIS-JOACHIM, seigr. d. la Boullaye	CHARLES-PIERRE		JACQUES-MARIE, seigneur de la Motte
née à Plaudren, le 24 juillet 1670, ép. en 1697 [illegible] mort sans enfant 1743 M. sgr la Blanchetière, [illegible] postérité.	né le 17 [illegible] 1672 vécut encore en 1673, et fit requerant en lois ligne.	né à Plaudren le 1 octobre 1674, † à Plaudren le 18 novembre 1726, épousa à Conseau, le 1er septembre 1741, Louise-Marguerite de Bory, Joachim et sa Boscien, fille de Mercier Avec un Botven, chevalier, vicomte de Vieux-rouvres et de Mauricourt Botven.	né à Plaudren, le 13 avril 1678, mort, seigneur de Pont-Lô, † à Plaudren le 1er janvier 1766, épousa à Glénac, terre de Saint-Michel, en 1703 (Gontran de 20 mars 1705), Marie-Thérèse Emmanuel ou Lapit-courant, fille de Noël homme Jean-Gautron, Greffier de France, né du Bénet, et de Perronnelle La Trémozaire. — Marie-Thérèse Tessier † le 7 janvier 1759.		né en 1682, † à Baguenho, le 28 novembre 1782, épousa à Baguenho, le 8 mai 1727, Marie-Perronnelle du Plessis-cou, née en 1698, † à Baguenho, le 20 novembre 1751, laissa pour après son mari. Elle était fille du Vicomte Plessis-cou, seigneur du Noël, née en 1619, † à Baguenho, le 6 janvier 1711, et de Perronnelle Vicomte du Plessis (née en 1652, † Baguenho en 1718).

ANTOINETTE	RENÉ-GABRIEL	OLIVIER-JACQUES	CLAUDE-PIERRE	PIERRE	CLAUDE-FRANÇOIS	MARIE-THÉRÈSE	JEAN-GABRIEL	MARIE-MARTHE	JOSEPH-FRANÇOIS	SAINTE-FRANÇOISE	FRANÇOISE-GABRIEL	JACQUES-MARIE-CLAUDE	CHARLES-TOUSSAINT
née à Glénac, le 4 mars 1710, y décédée peu après 1710.	seigneur de Plaisel, né du Noël, né à Glénac, vicomte, en Pont, le 10 décembre 1712, mort en ce bas en 1795, en [illegible] 1751, Anne-Françoise Le [illegible] née en [illegible] de Bompiçon, en l'avril, [illegible] d. 1724, G.l. d. Jean-Charles et de Marie-Jeanne Le Nayan, dame de Robien. On ignore, l. Baud et le dit. de sa décès. Il fut inhumé à Mauboué sous le nom de « Notre-Dame » au Pont, où il fut inhumé fit décédé, y mourut.	né à Glénac, le 19 décembre 1714, mort en l'enfance au même âge.	né à Glénac, le 30 novembre 1715, mort peut-être mort enfance âge.	né en 1718, baptisé en 1719, épousa à Vendôme la fille de 1780, chev. de Mauriac, vendeur, et postérité.	né à Glénac, le 11 avril 1717, vivant en 1773, et 1776, seigneur de Pont, le vieux, baron de Boulvas, épousa Marie-Anne née Louise (2). Il mourut de son frère nu[illegible] † à Ville-Neuve, à Châtelais Corbon (3).	née en 1720, † à Quintin, 16 [illegible] au VII, s'étant sur le territoire à ses frères cohéritiers, † 9 vendémiaire an VI, épousa Maurice-de-Paulme, épousa (2) Me-Jacques-Pierre, vicomte, au V (1749).	prêtre, vic. gén. de Brest-Istavar, né à Glénac en 1721, † à Baud, en 1822 religion.	née à Glénac, 3 décembre 1724, vécut encore en 1783. Sans alliance.	né à Baguenho, le 14 septembre 1721, † à Jacques à Plaudren, la 24 novembre 1719.	née à Baguenho, le 26 septembre 1721, † à Plaudren, la 24 mai 1717, Joseph-Marie Le Vivote, seigr de Moreu-me, veuf de, prieur né de Mauricourt-Gautron, dame de Robien.	né à Baguenho, le 14 février 1728, † le 20 août 1722 [illegible] de Laforge-Quintin, Mauricourt-l'Ouvrant d. Jeanne-Jeanne et de Gautron-Jacques au Locminé, originaire de Hennval.	né à Baguenho, le 23 octobre 1729, † le 4 août à V[illegible] sur VII, à de VIII, gentil de Mauricourt en Baguenho, sans alliance.	né à Baguenho, le 11 mars 1731, y décédé le 8 avril de ce même année.

									PAULINE-GABRIELLE DE ROBIEN			ARMAND-JEAN-MARIE DE ROBIEN	
									née à Saint-Jean-des-Lamballe, le 14 novembre 1774, baptisée le 15 décembre suivant, † à Quintin en 1792, inhumée à Pontambault, épousa Alexandre-Jacques-François de l'Ouverture de la Ville-Gautron, notaire, le 25 novembre 1791, † et inhumée à Pontambault le 26 janvier 1815.			né et employé à Saint-Jean-de-Lamballe, le 20 août 1776, baptisé [illegible] la couverture suivant, à Baguenho, le 5 octobre de VIII (1800).	

(1) Toutes les dates dans ce tableau certaines sont établies d'après les actes notariés que l'état civil, d'autres ont registres paroissiaux ou dans les baux et les archives publiques et privées. Il est de même de la généalogie d'histoire et d'alliances indiquées dans ce tableau, possible, que. (Communications de MM. le Comte Emmanuel de Robien, N.-D. La Gues, propriétaire du Paul, F. Saulnier, Corseille, brevetées à la Cour de Rennes, etc.)
(2) Archives de Loire et de Loiret.
(3) Archives du Paul.